新装版

京都ものがたりの道

Kyoto

Looking for Time Capsules on the Streets

Princess Akiko of Mikasa

彬子女王

毎日新聞出版

はじめに

　京都という街は、タイムカプセルのようだ、といつも思う。オフィス街の真ん中に聖徳太子創建と伝えられるお寺があったり、京都きっての繁華街に、坂本龍馬と中岡慎太郎が暗殺された地の石碑がひっそりと立っていたり。そこには人々の日常があり、みなが変わりない暮らしを続けている。そんな石碑になど目を留めない人もたくさんいるはずだ。

　でも私は、そんな場所に出会う度に、タイムカプセルを開けたような気持ちになる。幕末の争乱期の京都へ、平安遷都する以前の京都へ、近代化が急速に進んだ明治・大正時代の京都へ……。さまざまな時代の〝時〟のカケラが、街のそこかしこに埋まっている。この場所で徳川慶喜は何を思ったのだろう。平家全盛のころの六波羅は、どんな景色だったのだろう。安倍晴明はここで何を見たのだろう。その〝時〟のカケラは、一瞬の時間旅行へと私を誘ってくれるのだ。

京都の通りの名前もタイムカプセル。材木商がその界隈《かいわい》に多かったから丸太町通とか、お寺が多いから寺町通とか。釜座通を歩いているときに、本当に釜師さんが居を構えておられるのを発見すると、そういうことかと腑に落ちる。「変わった名前やな」と思うだけでなく、「なんでこんな名前なんやろ?」と考えながら歩いてみると、いつも新しい発見があるのが楽しい。

そんなことを思いながら、今日もてくてく。明日もてくてく。京都府警さんと側衛《そくえい》さんとおしゃべりしながら、私はいつも京都の街を歩いている。ときには「えっ、ほんまに歩くんですか?」と閉口されながら。いつもの通りを歩こうか。それとも通ったことのないこちらの道にしようか。

次の時間旅行の行き先は、きっとあの通りから……。

京都市街中心部の地図

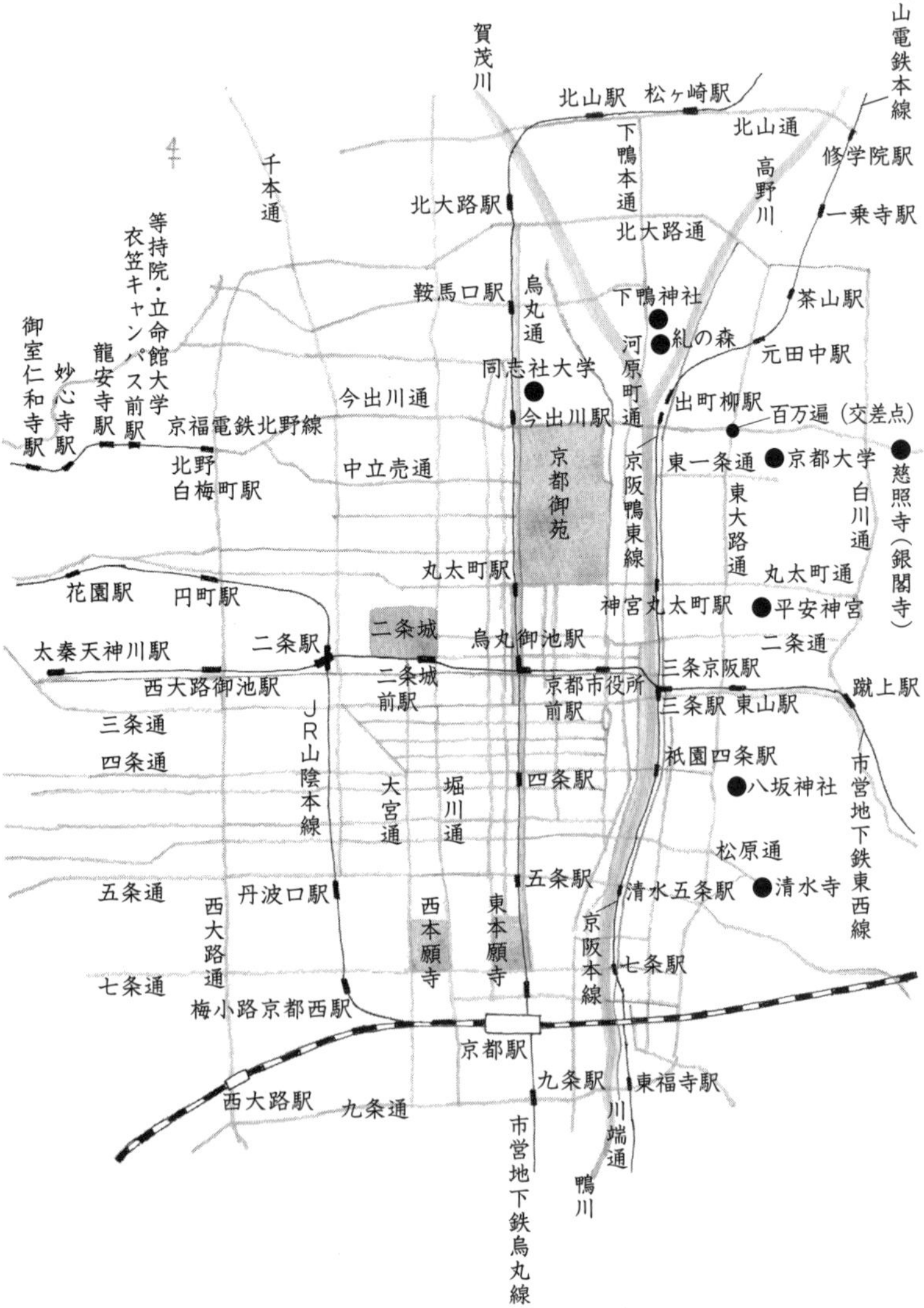
叡山電鉄本線
賀茂川
北山駅
松ヶ崎駅
北山通
修学院駅
下鴨本通
高野川
千本通
北大路駅
一乗寺駅
北大路通
等持院・立命館大学衣笠キャンパス前駅
鞍馬口駅
烏丸通
下鴨神社
茶山駅
御室仁和寺駅
妙心寺駅
龍安寺駅
河原町通
糺の森
元田中駅
同志社大学
今出川通
出町柳駅
百万遍（交差点）
京福電鉄北野線
今出川駅
京都御苑
京阪鴨東線
東一条通
京都大学
慈照寺（銀閣寺）
北野白梅町駅
中立売通
東大路通
白川通
丸太町駅
丸太町通
花園駅
円町駅
神宮丸太町駅
平安神宮
二条城
烏丸御池駅
二条通
二条駅
太秦天神川駅
三条京阪駅
西大路御池駅
二条城前駅
京都市役所前駅
三条駅
東山駅
蹴上駅
三条通
JR山陰本線
四条通
祇園四条駅
四条駅
大宮通
堀川通
八坂神社
市営地下鉄東西線
松原通
五条駅
五条通
丹波口駅
清水五条駅
清水寺
西大路通
西本願寺
東本願寺
京阪本線
七条駅
七条通
梅小路京都西駅
京都駅
九条駅
東福寺駅
西大路駅
九条通
川端通
鴨川
市営地下鉄烏丸線

京都市郊外の地図
（愛宕、高雄、清滝、嵐山・嵯峨野）

新装版　京都　ものがたりの道　目次

さあ、京の道へ、時間旅行に出かけよう。

始

起点の道（きてんのみち）

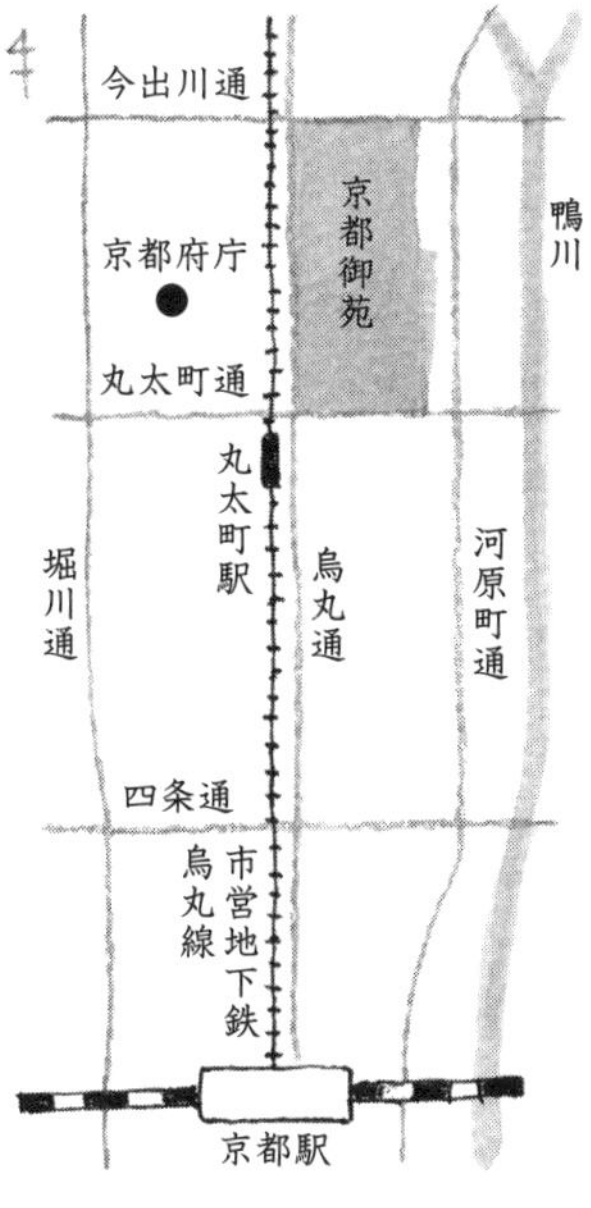

「京都」という街は「道」から成る。

京都に暮らし始めて数年がたち、そんなことを思うようになった。

平安京の昔から、東西の通りと南北の通りが直角に交差する碁盤の目のように形作られた街路。京都市内のほとんどの通りが名称を持っており、人に場所を説明するときも、「河原町御池ちょっと下がったところの東側」と言えばすぐにわかる。逆に、一般的な「〇〇町××番地」といった住所を伝えても全く通じなかったりする。京都の人たちの生活は道とともにある。そう思うのである。


そんな京都の通りを行き先も決めずに散歩するのが大好きだ。通り一本違うだけで雰囲気ががらりと変わるし、それぞれの通りに独特な個性がある。どの通りを歩いても必ず史跡に行きあたるのも楽しい。小さな石碑であっても、見た瞬間に「あ、あの織田信長もこの道を歩いたのかもしれない……」などと、

京都府庁旧本館の中庭の桜を見つめる筆者

一気にときを飛び越えられる感覚は、京都ならではのものだろう。そしてその道に、京都の人たちの日常がある。悠久の歴史の流れの中で、その軌跡の一部になって自然と生きているところがなんだかいいな、といつも思う。
道にはたくさんのものがたりがある。かつてその道にあった建物のものがたり。今その道に住む人のものがたり。そしてこれからその道で生まれるモノのものがたり。道に込められたさまざまなものがたりをひもとくことが、京都という街そのものを知ることにもつながっていくのではないかと思うのである。

京都というと「和」のイメージを持たれる方が多いと思うが、道を歩くと思いのほか西洋建築が数多くあることに驚かされる。京都国立博物館、同志社大学、蹴上《けあげ》の浄水場……、市内のそこかしこに重厚な煉瓦《れんが》造りの建物や、美しいタイルやステンドグラスで彩られた建物を見ることができる。明治期のお雇い外国人の研究をしていたこともあり、この時代の建物を見るとつい吸い寄せられるように近づいていってしまい、友人に「また始まった」と苦笑いされることもしばしばである。

京都は、明治維新以降、積極的に近代

始

化政策を推し進めた地でもある。日本初の博覧会が開催されたのも京都。日本初の市電が走ったのも京都。日本初の女学校や学区制の小学校が創設されたのも京都。京都の西洋建築を見ていると、幕末維新の動乱期を経て、京都の復興へ向かってひたすらに尽力した先人たちの力強い息遣いが伝わってくるようで、いつも心ときめくのである。

その京都の近代化政策の中枢部となっていたのが京都府庁である。京都府庁の旧本館は、明治37（1904）年に創設されたルネサンス様式の建造物。威風堂々とした佇《たたず》まいは往時をしのばせ、竣工から100年以上が経過した今も京都の街を見つめ続けている。

重要文化財でありながら、現在も会議室や資料室などとして使われており、創建時の姿をとどめる現役の官公庁の建物としては日本最古。文化財としてただ保存するのではなく、日常的にそれを大切に使い、生かし続ける。「生きた文化財」の中から京都の今が発信されていることは、文化財の息づく京都らしい。

この府庁が一番輝く季節が春である。旧本館の中庭で、円山公園の初代「祇《ぎ》園《おん》しだれ桜」の孫木をはじめとする6本の桜が咲き誇る。以前、桜守で知られる佐野藤右衛門《とうえもん》さんに「桜は木の下に入って見るのが一番美しい」と教わったことがある。一般的に花は太陽に向かって咲くのに、桜は下に向かって咲く。これは全てを包み込む包容力を桜が持っているからではないか、と。桜を見ると優しい気持ちになれるのは、桜の包容力のおかげなのかもしれない。

京都の街をあたたかく見守る桜で染まる府庁から、このものがたりの道を歩み始めることにしたい。

ちょっと寄り道

京都の西洋建築についてもう少々触れてみたい。同志社大学の今出川《いまでがわ》キャンパスは近代建築の宝庫とされる。同志社礼拝堂やクラーク記念館など5棟が重要文化財に指定され、キャンパスツアーも行われている。寺町通には創立者、新島襄《じょう》の旧邸があり、和洋折衷の邸宅が内部の家具もそのままに見学できる。商業施設として現役の近代建築も多い。円山公園の長楽館は実業家、村井吉兵衛の迎賓館で、今はホテルや喫茶室として人気。四条大橋西の東華菜館は米国人建築家、ウィリアム・メレル・ヴォーリズによる。ヴォーリズ建築は同志社大学ほか京都に数多く残る。

常

寺町通（てらまちどおり）

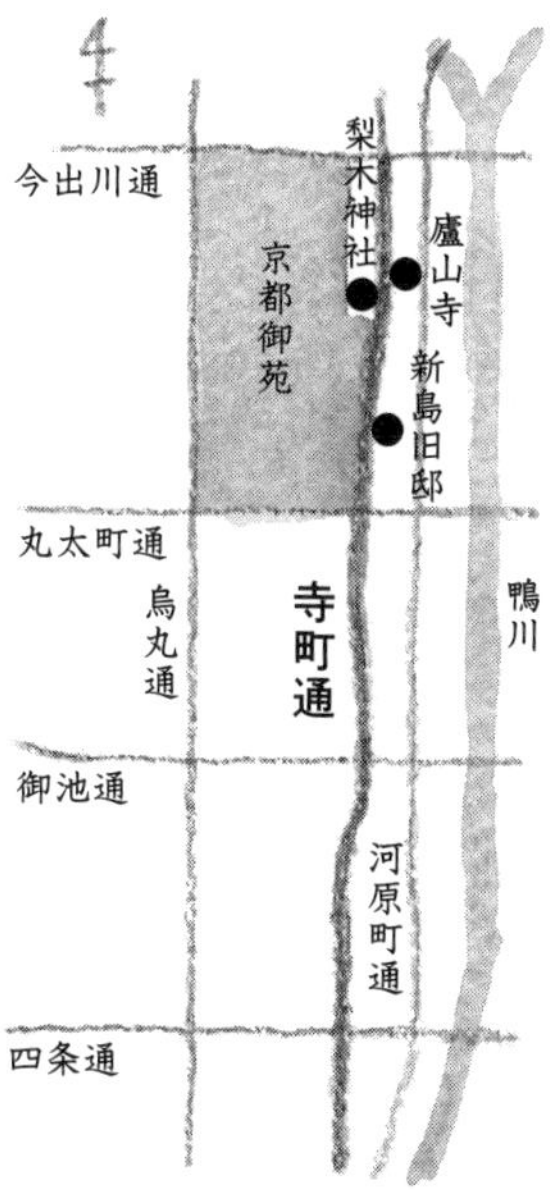

歩くことが好きだ。平坦な道であれば、2時間でも3時間でも平気で歩く。電車一駅、二駅分歩くのは日常茶飯事。学生のころは、ときおり赤坂の宮邸から目白の大学まで歩いたりして、よく側衛さんを泣かせていた。普段車で通っているよく知った道でも、歩いてみるといろいろなことに気付かされる。「あ、こんなお店ができている」「この道を通るとここに出るのか」そんな小さな発見が幸せな気分にしてくれる。そんな散歩が大好きである。

京都は散歩に適した街だと思う。道は東西南北碁盤《ごばん》の目で、基本的に真っすぐだし、たとえ間違えても軌道修正するのは簡単である。道が一本違うだけで、雰囲気ががらりと変わるのも楽しい。最近忙しくてなかなかできなくなってしまったけれど、お天気の良いお休みの日は、いろいろな通りをぷらぷらと行き先も決めずに歩いたりする。京都で暮らし始めてずいぶんとたった今でも、意外な場所に「〇〇藩の藩邸跡」とか「△△の御墓」を見つけたりして、ふとし

錦小路と寺町通が交差する一角にはビルに突き刺さる形で鳥居が立つ

た瞬間古《いにしえ》の時代に思いを馳《は》せ、時間旅行の気分を味わえるのである。

　どこを歩いても楽しい京都の街の中で、私が好きな通りがある。

　寺町通。京都市内を南北に走る通りで、豊臣秀吉が京都の街の防衛のために、通りの東側に寺院を集めたことからこの名がついたと言われている。今出川通より北は本当にお寺ばかり。住宅街の中にお寺や神社がさりげなく溶け込みながら点在しており、お祭りのお神輿《みこし》の担ぎ手の集合時間を知らせるチラシなどがそこかしこに貼ってあったりする。観光客がたくさん訪れるお寺ではなく、本当に京都に住む人たちのためのお寺。そんな「日常」の雰囲気がとても心地良い。

今出川通を越えると、より京都人の日常に近づく。山紫水明《さんしすいめい》の地として名高い京都。「京の三名水」と言われる染井《そめい》、佐女牛井《さめがい》、縣井《あがたい》のうち、唯一現存する「染井」が境内にある梨木神社がある。1000年以上前から今も変わらずこんこんと水の湧き続ける染井。その水は、甘くまろやかでお茶を淹れるととてもおいしい。京都御所に隣接し、木々が鬱蒼《うっそう》と茂る境内地に足を踏み入れると、夏でも少しひんやりとした風を感じる。参拝のついでに喉の渇きを癒していただくのもよいかもしれない。

梨木神社の向かいには紫式部の屋敷跡と伝えられる廬山寺《ろざんじ》や、同志社大学の創設者である新島襄の旧邸もある。平安時代から明治時代、そして現代と、さまざまな時代の流れが混然一体となって体感できるのも京都の街の魅力のひとつなのだろう。

寺町通をさらに下がる。この丸太町通から御池通までの区間が私は一番好きかもしれない。お茶屋さんや紙屋さん、お花屋さんやパン屋さんなど、京都の

常

人たちが普段着で立ち寄るようなお店が並んでいる。ついふらりふらりとお店に吸い込まれては店内を一周。買う予定のなかった品物を買って、でも何だかほくほくしながらお店を後にすることがしばしばである。背伸びをしなくてよい、その空気感は、せわしない毎日の中に、ほっと楽に呼吸ができる時間を取り戻させてくれるのである。散歩の途中、お気に入りの喫茶店に入って、珈琲を飲みながら道行く人をぼんやり眺めるのが私にとっては最高の贅沢。ときにはゆっくり読みたい本を持っていき、2時間3時間と腰を落ち着けてしまうこともある。

御池通を過ぎると、寺町通はアーケードの商店街になる。ここに入ると一気ににぎやかになり、明るい電飾のお店が増える。若い人が訪れるファッションのお店や雑貨屋さん、ゲームセンターなどもあれば、仏具屋さん、画廊や古書店、伝統的な組紐や袱紗《ふくさ》のお店などもある。なんだか雑然として少しせわしない。でもたくさんの人たちがからからと笑いながら行きかう、ちょっとキッチュで明るい雰囲気が、いつのまにやら癖になる。

アーケード街が終わると、また寺町通は雰囲気をがらりと変える。秋葉原のような小規模の電気街になるのである。大型量販店の台頭で姿を消しつつあるが、小売りの電気店もなかなかに味わいがあるものだ。

聖から俗へ。寺町通をひとことで表現するのにこんなに適した言葉はないかもしれない。お寺ばかりの北から電気街の南へ。歩いているうちに刻一刻と変わっていくその空気感。でもそこには一貫して、よそ行きでない京都人の素顔が見えるのである。

常

ちょーっーとー寄ーりー道

丸太町通から御池通にかけては、寺社や御所御用達の店が並んでいた。今も古美術や骨董、茶道具を扱う店が多く、さまざまな老舗がある。洋菓子の老舗「村上開新堂」（寺町二条）は１９０７年創業。昭和初期以来の店内は、黒光りする木の梁も美しい。「茶」ののれんが目に留まる「一保堂茶舗」は１７１７年創業。併設の喫茶室では、指導を受けつつ客自らが茶を淹れる。「芸艸堂《うんそう》」は１８９１年、手摺木版による出版社として創業。貴重な版木を所蔵する。

薫

哲学の道（てつがくのみち）

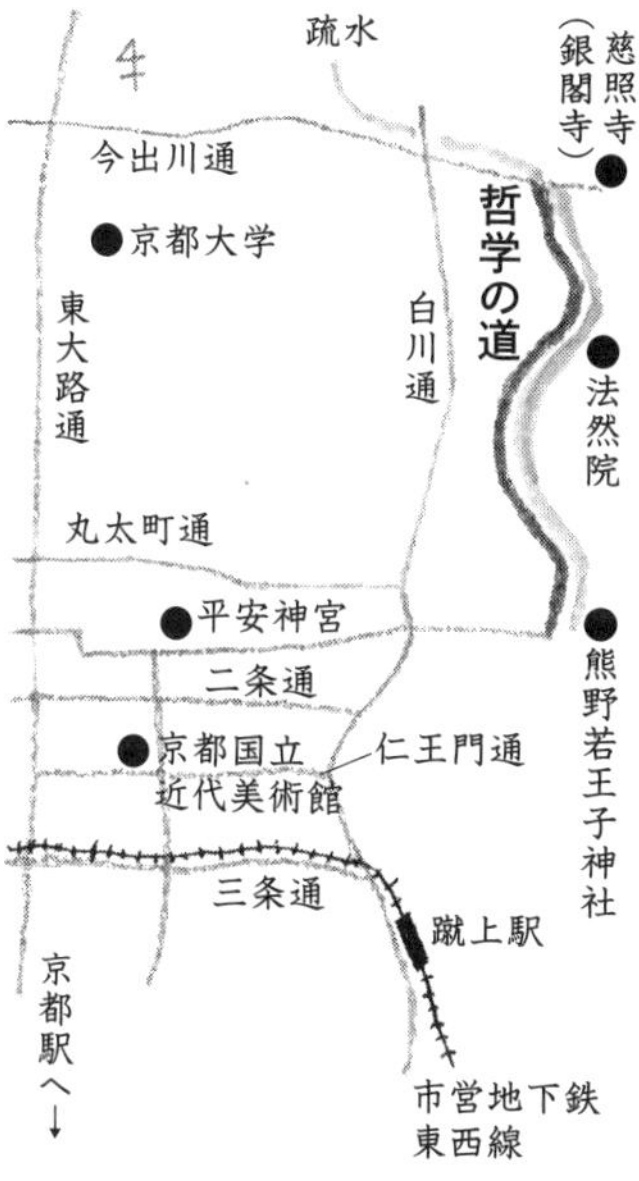

新緑萌《も》ゆる5月。

柔らかな初夏の陽《ひ》ざしに照らされて、木々の若葉が輝く季節。この時期の京都が、一年の中でも一番明るい雰囲気に満ち満ちている気がする。その要因のひとつではないかと思うのが、ゴールデンウイークが明けたころから日に日に増えてくる若やかな修学旅行生たちだ。

勤務していた慈照寺（銀閣寺）へと向かう途中、ふと気付くと哲学の道へよく目を向けていたものだ。熊野若王子神社から慈照寺の参道へと続く琵琶湖疏《そ》水《すい》沿いの小路を、カメラやガイドブックを手にした修学旅行生たちが楽しそうに談笑しながら行き来する。その姿を見ると、私も高等科のときに同じようにこのあたりを歩いていたな、といつもノスタルジックな思い出に浸ってしまうのである。

修学旅行というのは、数ある学校行事の中でも記憶に鮮烈に刻まれるものの

新緑の哲学の道を散策する修学旅行生たち。
さわやかな風が木々をやさしく揺らす

ひとつではないかと思う。私自身、修学旅行で初めて訪れた慈照寺のお庭、きらきら輝く銀沙灘《ぎんしゃだん》から望む銀閣が絵のように美しかったことを今でも鮮やかに思い出すことができる。

私の友人に、修学旅行で初めて京都を訪れ、「将来絶対この場所に住む！」と心に決め、その思いに駆られて京都の大学に入り、京都で就職し、今も暮らしている人がいる。その話をきらきらした目で語る姿に、きっと同じような表情で感動していたに違いない少年のころの彼の姿が見えるようで、何だかほっこり心あたたまるとともに、少年の心を揺さぶり、突き動かした京都という土地の持つ不思議な力を感じたのだった。

夢を現実にする原動力となった修学旅行。哲学の道を歩く修学旅行生たちは、今何を思い、感じているのだろうか。

「哲学の道」という名前は、京都学派の創始者である哲学者の西田幾《き》多郎《たろう》が、この道を散策しながら思索にふけったことから付けられたと言われている。でも私は、英語での名称である“Philosopher’s Path”のほうが何となく道の雰囲気に合っているような気がして好きだ。日本の哲学の世界を切り開いてきた西田博士の、悩み、考え続けてきた人生の縮図がそこ

にあるような気がするからである。

哲学の道をゆく修学旅行生たちの中で、その偉大な哲学者に思いを馳せる人は少ないだろう。斯《か》く言う私もきちんと知ったのはごくごく最近のことであったりする。でも、あの道を歩く人たちは必ず何かを感じるはずだ。疏水のせせらぎや鳥の声、葉ずれの音に目にまぶしい艶《つや》やかな緑。五感を使いながら歩いていると、この道を愛した哲学者の気持ちがよくわかる。知らず知らずのうちに、私たちは西田博士の思いに同化しながらあの道を歩いているのかもしれない。

特別な史跡が間にあるわけではない。観光名所ではあるけれど、朝夕は犬の散歩をする人やジョギングする人たちが行き交う日常の道だ。疏水を眺めるベンチに座っていると、いつの間にか時間が過ぎている。この道のほっと心落ち着く空気の流れは、昔も今も変わっていないに違いない。この居心地の良さが、西田博士を誘い、今も多くの人を惹《ひ》きつける所以《ゆえん》なのだろう。

人は人　吾はわれ也　とにかくに　吾行く道を　吾は行なり

薫

西田博士が遺《のこ》した歌のように、哲学の道をゆく修学旅行生たちひとりひとりが、自分の進むべき道を見つけ、力強く歩いていってくれたらよいなと風薫る季節に願う。

ちょーっとー寄ーりー道

春は桜、秋は紅葉に彩られる。疏水には鯉や鴨の泳ぐ姿が見られ、5月下旬から6月中旬にかけては蛍が舞う。折々の豊かな自然は、住民による環境保存運動によっても守られてきた。桜並木は2キロに亙《わた》り、その約500本の桜は「関雪桜」として親しまれている。名の由来は日本画家、橋本関雪（1883～1945年）の夫人が寄贈したことから。関雪の邸宅が銀閣寺の参道近くにあり、現在は「白沙村荘」として広大な庭園などが公開されている。

混

六角通（ろっかくどおり）

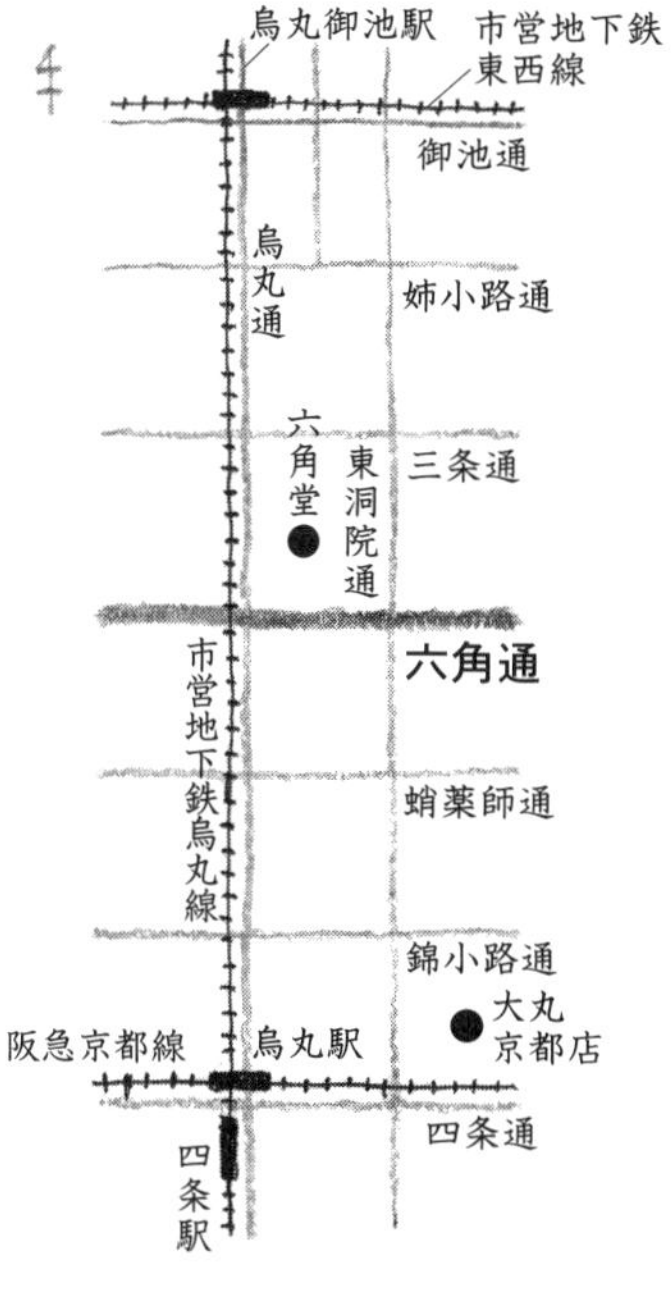

雨降りの日が嫌いでなくなったのはいつのころからだっただろう。

子どものころから喘息《ぜんそく》持ちで、雨の日はいつも具合が悪かった。天気予報の雨マークを見ると、ちょっぴり憂鬱になったものだ。それでも、不思議と雨上がりの匂いは好きだった。しっとりと少し湿った空気の中、土のような、緑のような、なんだか少し懐かしい香りがふわりと立ち上る。雨に濡《ぬ》れた木々の緑が色濃くなり、草木も鳥も虫たちも生き生きと元気になっていくような、あの雨上がりの空気感の中に身を置くのは、昔からなぜか心落ち着くひとときなのである。

そんなある日の雨上がり、六角通を歩いていた。

六角通は普段よく歩くわけではないのだけれど、老舗の扇屋さんや文房具屋さんが軒を連ねる中、おしゃれなカード屋さんやカフェなどが点在し、新旧の空気が混ざり合っていて居心地の良さを感じる通りのひとつである。でも、六

聖徳太子ゆかりの六角堂を隣接するビルから見下ろす。右端が六角通

角通の名前の由来となった六角堂には、今まで何度か前を通っていても、なぜか足を向けることがなかった。その日は何となく、六角堂に行ってみようかなと思ったのである。

初めて足を踏み入れた六角堂。雨で空気中の埃《ほこり》が落ち、清々《すがすが》しい空気に包まれた境内は、とても気持ちの良い空間だった。山門を入って正面に本堂があり、裏手に六角形の小さなお堂がある。近づいてみると、聖徳太子の御像が安置された太子堂だという。ちょうどそのとき聖徳太子の物語を読んでいたところだったので、なんだか不思議な力に導かれたような気もした。

　六角堂は、正式名称を紫雲山頂法寺といい、聖徳太子が創建したと伝えられている。

　物部守屋と争っていた聖徳太子が、護持仏である如意輪観音に勝利を祈願し、「無事討伐できた暁には、四天王寺を建立する」と誓いを立てた。無事戦いに勝利した太子は、寺院建立の用材を求めて山背《やましろ》の地を訪れ、沐浴《もくよく》をするために池の傍らの多良《たら》の木の枝に護持仏を置いておいたところ、像は重くなり、動かなくなってしまった。その夜、太子は観音像から、自分は七世に亙って太子を守護してきたが、今後はこの地にとどまって衆生の救済に当たりたいという夢のお告げを受けられる。そ

こで太子がこの地に六角形の御堂を建て、護持仏を安置されたのが由緒とされている。

平安遷都よりも前からこの地にあったとされる六角堂。応仁の乱や幕末の動乱などで荒廃したことで、洛中《らくちゅう》の社寺はほとんどが再建。飛鳥や奈良のように古代の遺構はほとんどない。六角堂の創建の時期については諸説あるけれど、京都で飛鳥時代ゆかりの場所に出会うとちょっとうれしい気持ちになってしまうのは私だけだろうか。

聖徳太子の目にこの地はどのように映っていたのだろう。碁盤の目がなかった時代。山背国だった京都に、雨上がりの少しひんやりした風を感じながら、ふと思いを巡らせた。

何とはなしに本堂左手に目をやると、そこにはガラス張りのコーヒーショップ。いけばな発祥の地としても知られる六角堂は、華道家元池坊の本拠地でもある。お稽古《けいこ》帰りと思われる花材を持った人たちや、たくさんの外国人観光客が、楽しそうに珈琲を飲みながら六角堂を眺めている。飛鳥時代のことを思っていたのに、目の前に近代的な風景が広がっていたことに、一瞬自分がどこにいるのかと少し戸惑った。
さまざまな時代が混然一体となってモザイク状に同じ空間に存在する。不思議な時空ポケットに迷い込んだような気がした、六角堂の思い出のお話。

ちょっと寄り道

六角堂の境内に「へそ石」が残ることからも、かつて京都の真ん中に位置していたことが分かる。烏丸通と交差するエリアは、オフィスビルが並ぶ現在の市の中心地だ。六角堂は「華道発祥の地」とされ、池坊の家元が代々住職を務めている。境内にある早咲きの桜は「御幸桜」の名で親しまれ、白からピンクへと変わる花の色が楽しめる。東に進めば、修学旅行生でにぎわう新京極通に行きあたる。繁華街の一角に、和泉式部や清少納言ゆかりの誓願寺がある。

夏

新町通（しんまちどおり）

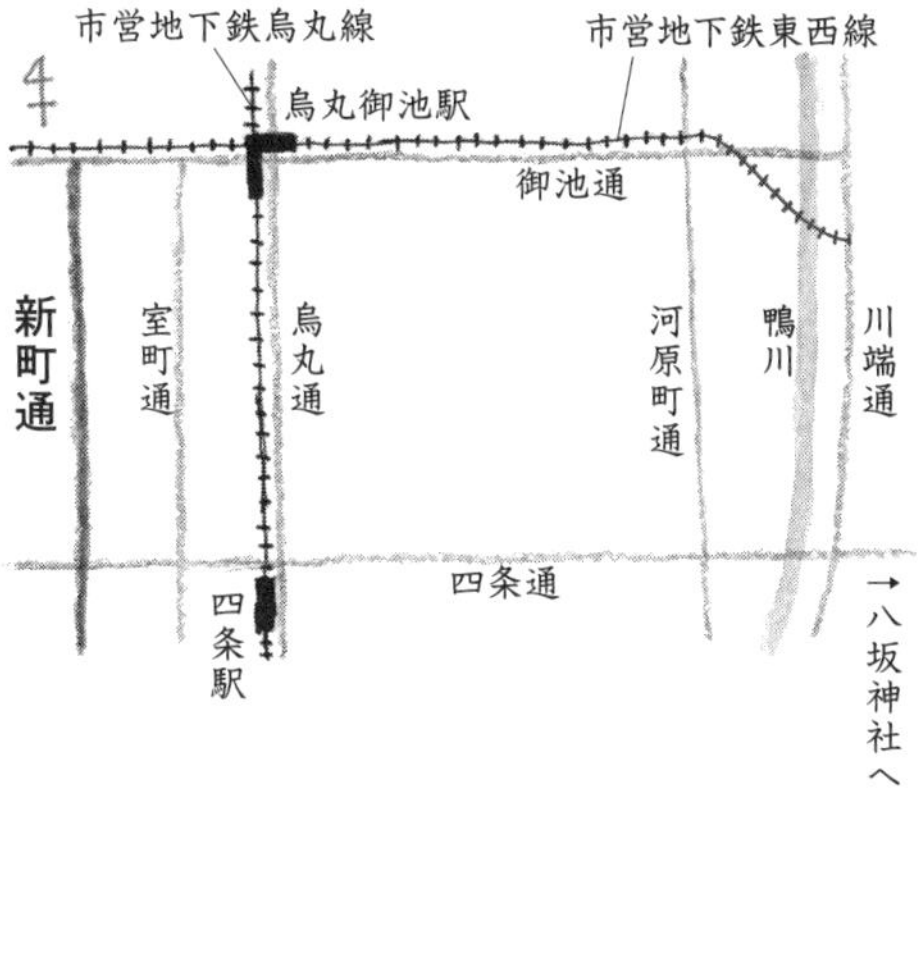

コンチキチンの音色は京都に夏の訪れを告げる。

祇園囃子《ばやし》が街のそこかしこから聞こえるようになると、もう夏だなと思うと同時に、祇園祭の季節がやってきた……となんだか心が弾む。山鉾《やまほこ》町の人間ではないのに、祇園祭が近づいてくるとわくわくするのは、私がだいぶ京都人に近づいてきているからなのだろうか。

祇園祭というと、毎年7月17日に行われる山鉾巡行を思い浮かべられる方が多いようだ。でも、祇園祭は7月1日の吉符入《きっぷいり》から、31日の疫神社夏越祭《えきじんじゃなごしさい》で幕を閉じるまで、さまざまな神事や行事が1カ月に亙って繰り広げられるという長いお祭りである。古くは「祇園御霊会《ごりょうえ》」と言われ、平安京をはじめ日本各地に疫病が流行した貞観11（869）年に、神泉苑に当時の国の数である66カ国にちなんで66本の鉾を立て、その鉾に各地の悪霊を移し、祓《はら》うことで、災厄の除去を祈ったことに始まる。

もともと山鉾巡行は、祇園社（八坂神社）のお神輿が、氏子町にお渡りになるにあたり、神様のお使いである稚児が、通られる場所を先立ってお浄めするという役割がある。つまり、あくまでも祭りの中心は神輿渡御《とぎょ》。神社を出られる神幸祭の前に前祭《さきまつり》の山鉾が、お戻りになる還幸祭の前に後祭《あとまつり》の山鉾が巡行し、その務めを果たしていたが、1966年以降は交通規制等の諸事情により、17日の1回に統合された。2回巡行していた当時のことを知っている人も少なくなり、神輿渡御の様子を見ながら「これも祇園祭ですか?」と聞いている人を目にし、祇園祭の本来の意味を御存じの上で見ておられる方はほんのわずか

復元した竜頭を付けた姿で辻回しを披露する大船鉾

なのかもしれないなと少しさみしい気持ちになったものだ。

私が初めて祇園祭を見たのは、中等科2年生のときだったと思う。父にお願いして、祇園祭のころに仲良しの同級生と京都旅行をさせていただいたのである。父が親しくされていたご友人がいろいろな場所を案内してくれた。その彼女が山鉾巡行の日に連れて行ってくれたのが、南観音山の町内、新町通のあるお宅だった。

生まれて初めて見る山鉾巡行。御池通で巡行を終えた山鉾が、帰り囃子とともに新町通を下がってくる。道幅の狭い新町通。建物すれすれ、ちょっと手を伸ばせば届きそうな距離を、ぎしっぎしっと音をさせながら山鉾が通過していく。今は危険だからという理由で禁止されているが、昔は通りの二階窓からお菓子や飲み物などを差し入れし、鉾のほうからはお礼に厄除《よ》け粽《ちまき》を渡すのが慣例だったのだそうだ。そんな昔ながらの祇園祭の風景がふと目に浮かぶような気がした。

大きな車輪のきしむ音。間近で見られる懸装品《けそうひん》の美しさ。曳手《ひきて》さんの汗。電柱や電線が鉾に当たらないようにと調整する屋根方さんの技巧。大仕事が終わり、ちょっとほっとした様子で笑顔がこぼれる山鉾の役員さんや囃子方さん。「眺める」だけではわからない、「感じる」からこそわかる祇園祭。これが新町通で巡行を見られた者の特権なのだ。

終わりに近づくほどにテンポの速くなるお囃子とともに、南観音山が町内に戻ってくる。到着寸前のお囃子の速さは最高潮で、迎える私たちも自《おの》ずと気持ちが昂《たかぶ》る。出発した地点と同じ礎石の上に山が止まると、自然とわき起こる拍手。手締めが行われると、巡行の終了。集められた疫神が四散しないように、山はあっという間に解体される。その刹那《せつな》的ともいうべき本当の祇園祭の姿は13歳の私の心に深く刻みつけられ、今も祇園祭の時期になると、あの新町通のお宅に足を運び続けている。

2014年には、約半世紀ぶりに後祭が復活することでも話題を呼んだ祇園祭。本来の姿に

戻った祇園祭は、何を私たちに伝えてくれるのだろうか。

ちょっと寄り道

平安後期から中世にかけ、町尻小路（町小路）として栄えた。豊臣秀吉による都市改造の後、現在の名になったと言われる。商工業の中心地としてのにぎわいは失われたものの、今も風格ある商家が軒を連ねる。7月初め、日が暮れると鉾町の会所の二階から「コンチキチン」の音が通りに響く。「二階囃子」と呼ばれる祇園囃子の稽古風景だ。宵山のころには、界隈の旧家が表の格子を外して美術品を展示。「屏風祭」として一般の人も鑑賞することができる。

盆

お地蔵さまの道（おじぞうさまのみち）

京都に来て驚いたことのひとつに、「お地蔵さまの多さ」がある。道の辻辻《つじつじ》にお地蔵さまをお祀《まつ》りした祠《ほこら》があり、お花や水がお供えされ、いつもきれいに手入れがされている。散歩の途中などに手を合わせてお参りされている人もよく見かける。町内のおうちが持ちまわりでお地蔵さまのお世話をし、お守りされているのである。道行く人たちをいつも優しく見守っておられるお地蔵さまに、京都の街自体も守られているような気がする。

そのお地蔵さまの祭礼が8月にある。「地蔵盆」と言われ、地蔵菩薩《ぼさつ》の縁日(毎月24日)で、お盆の期間中である旧暦7月24日の前後に行われる。大体8月23、24日に行われ、参加者の仕事の事情などを考慮して、土日にずらして行われることも近年では多いようだ。

お地蔵さまを洗い清めて新しい前垂れを着せ、お供え物をして、地域のお寺の和尚さまがお経をあげられる。お地蔵さまが子どもたちの守り神であること

地域の人々を優しく見守るお地蔵さま
（扉は特別に開けてもらいました）

から、地蔵盆の主役は子どもたち。お菓子をもらったり、ゲームをしたり。数珠繰りや数珠回しといって、大きな玉の長い数珠を円座になって子どもたちと大人で回すという行事があるところもあるのだそうだ。

私が初めて地蔵盆のことを知ったのは、京都に住んで1年目の夏のことだった。近所のお米屋さんのおばちゃまに「明後日の夜、地蔵盆やから時間あったら寄ってって〜」と声をかけてもらったのである。地蔵盆という言葉を聞くのも初めてのこと。「それ、なんですか？」と聞いてみると、自宅前の坂を下りきった角にあるお地蔵さまの祭礼で、夜に子どもたち向けの紙芝居や福引などがあり、かき氷やおでんなどの食べ物も出されるのだという。楽しそうなので、参加させていただくことにした。

地蔵盆の夜。仕事を終えて7時過ぎに帰ってくると、道の向こうからにぎやかな声が聞こえてくる。お地蔵さまの隣の広場にテントが張られ、ご近所の方たちが大勢集まってとても盛況な様子。私の姿を見つけると、「あ、帰ってきはった。こっちこっち」と招き入れてくれた。テントの中の床几《しょうぎ》に腰を掛けると、いろいろな人たちがいろいろなものを持ってきてくれる。話を聞くと、町内のお豆腐屋さんが厚揚げ、こんにゃく屋

さんがこんにゃく……といった感じで、それぞれのおうちが少しずつ材料を提供し、足りないものを補充して食べ物を提供しているのだそうだ。町の人たちの心が込められたおでんや焼き鳥は、とてもあたたかい味がした。

普段京都にいるときは、仕事で遅くなることが多いため、なかなか近所のお店が開いている時間に帰ってくることができない。朝早くから開いているお米屋さんやお豆腐屋さんとはお付き合いがあるけれど、ご近所さんとお話しする機会はとても少ない。でも、地蔵盆のときは、いろいろな人たちが入れ代わり立ち代わり話しに来てくれる。「福引引いて帰りや〜！」とすすめてくれる。「ここの吉野豆腐がおいしいんやで！」とわざわざ自宅まで走って、ひとつ持ってきてくれた人もいた。京都に引っ越してちょうど1年がたとうとする時期。自分がようやくこの地域の一員になれた気がしてとてもうれしかった。

以来、私は毎年ここの地蔵盆に参加させていただいている。地蔵盆でしかお会いしない人たちがほとんどだけれど、私が顔を見せると、「あ、お姫さん今年も来てくれはったんやね〜」と喜んでくれる。その笑顔にまた会いたくて、私は今年も地蔵盆に足を運ぶのである。

ちょーっとー寄ーりー道

京都の地蔵盆は僧侶による読経や法話で始まることが多く、子どもが輪になって座り、読経に合わせて直径2~3メートルの数珠を回すのが「数珠回し」。お地蔵さまを祀る祭壇には花や供物、また提灯に見立てたホオズキなどが飾られる。子どもが生まれると、名前を書いた提灯を奉納するのが習わし。地蔵盆は主に関西で営まれ、京都発祥という説もある。京の地蔵盆は「京の食文化」「京・花街の文化」に次ぎ、京都市の定める「京都をつなぐ無形文化遺産」第3号に指定されている。

護

下立売通（しもだちうりどおり）

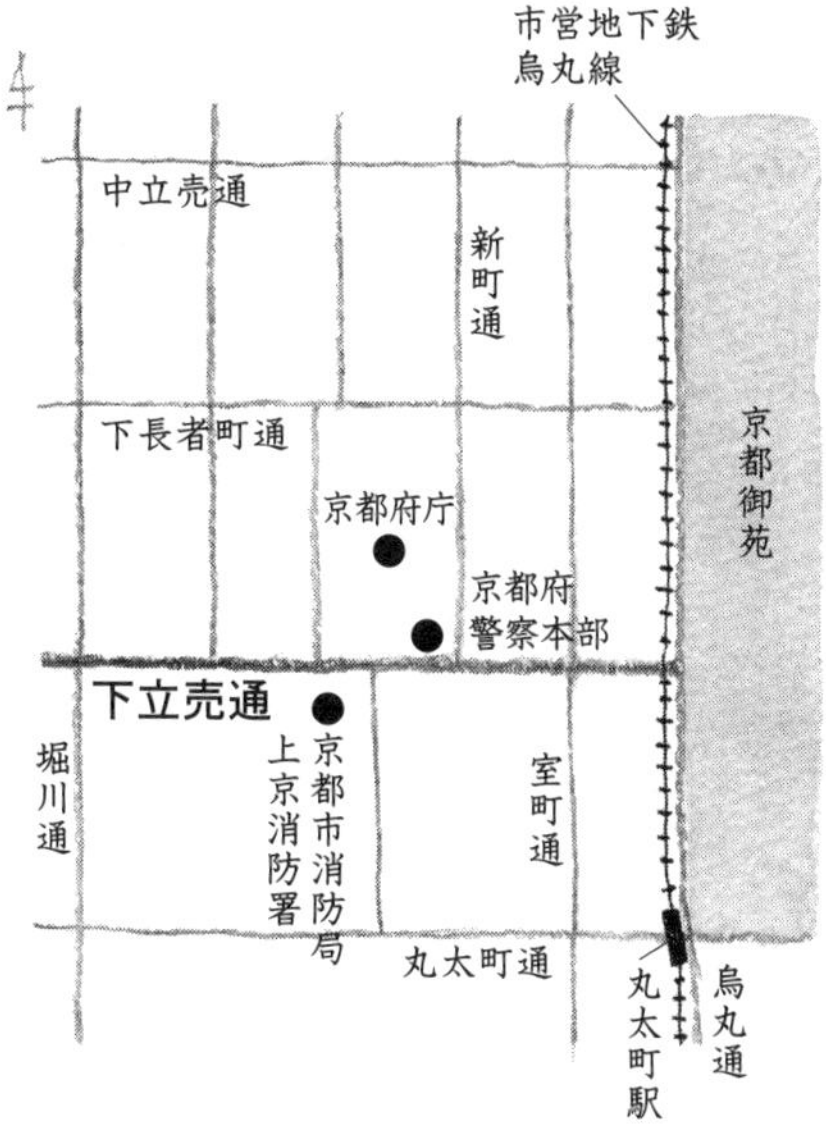

京都市内の通りの名前は、由来が気になるものが多い。下立売通もそのひとつ。近世以前からこの辺りには、店舗を構えず、道端などに店を広げて立って商いをする「立売」が多く、「立売ノ辻」と言われていたことからこの名がついたようだ。

私が下立売通をたびたび歩くようになったのは、ある人のある一言がきっかけだった。

私がよくされる質問のひとつに、「誰かがずっとついてくるって煩わしくないですか?」というものがある。

外にいるときはいつも皇宮警察の護衛官(側衛)が側《そば》にいるし、地方に行くときは各道府県警の担当者がつくので、その数はさらに増える。でも、私は不思議とこの状況を嫌だと思ったことは一度もない。物心ついたときから側衛がついてくるのは当たり前だと思っていたし、子どものころから警察の人たちは

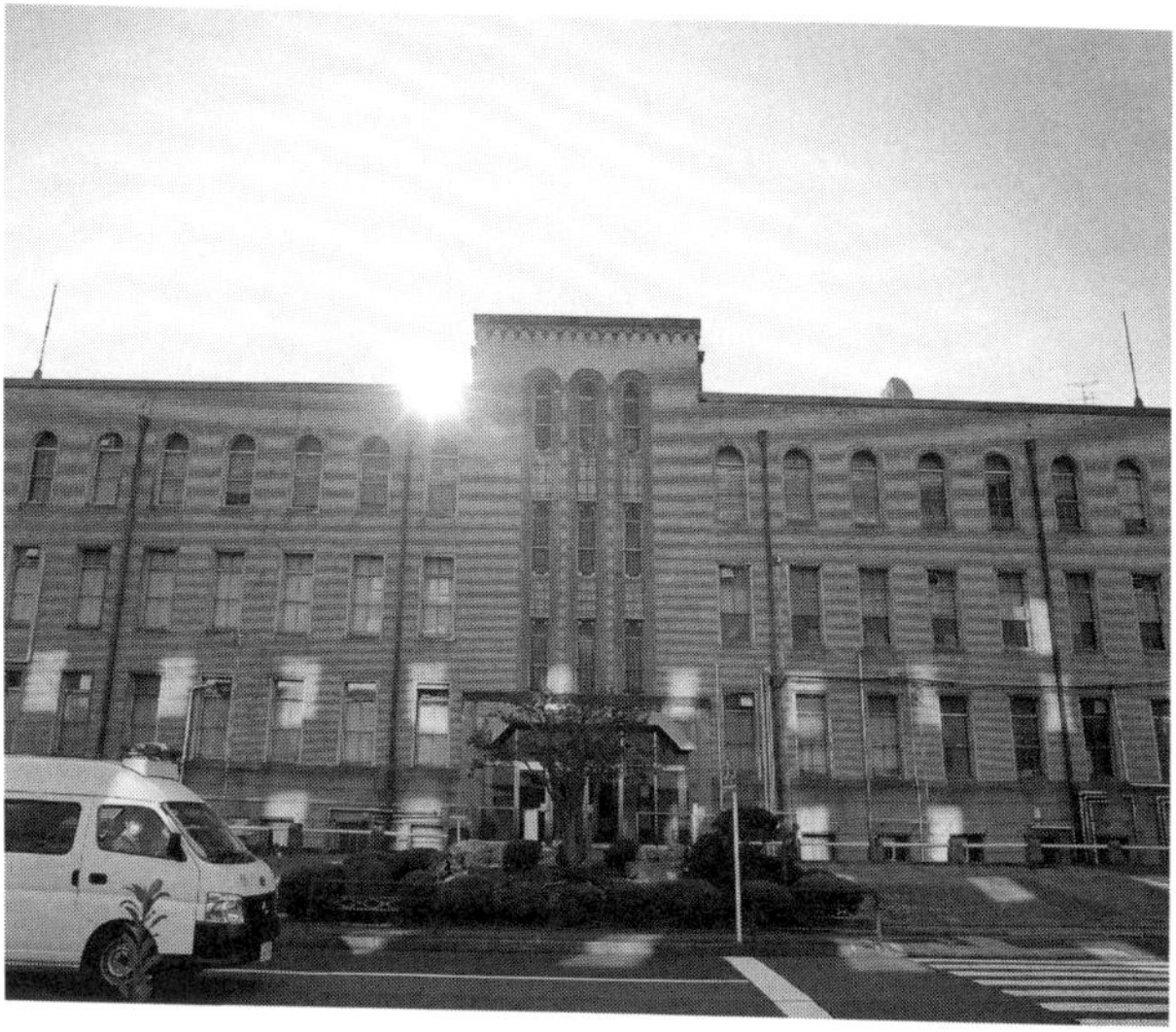
夕日を背にする京都府警察本部

家族のように思ってきた。嫌だと言ったところでそれを止めてもらうわけにはいかないのだし、だったら一緒に楽しく過ごしたほうがお互いにとって幸せではないかと思うからである。
京都にいるときは、もちろん京都府警の人がつく。毎日家から一緒にバス停まで歩き、おしゃべりをしながら職場に向かう。帰りもまた同じ。公務で地方に行くと動きが限られてしまうので、他道府県警さんとはほとんどお話ができないまま終わってしまうこともあるけれど、京都ではこうして日々を過ごしているので、京都府警さんとはとても仲良しだ。

お休みの日などは、「今日は○○だから、街中をぷらぷらお散歩しようかな」とか、「△△が来る日に、前から気になっていたカフェに行ってみよう」とか、府警さんの顔を見てから当日の予定を決めることも多い。くだらない話でけらけら笑っていることもあれば、愚痴《ぐち》を聞いてもらうこともある。いじいじ悩んでいる私をいつもびしっと一喝してくれる人もいる。みんなと話す時間が、私にとってはやすらぎのひとときなのである。

でも、警察というのは定期的に異動がある組織。毎年仲良くなった人が別の部署に行ってしまい、3月になるといつも心に穴がぽっかり空いたような気持ちに襲われる。

ある年の3月にも、私が信頼していた府警さんのひとりが異動になってしまった。「担当は外れてもご飯食べに行こうね」と話していたのに、ずっと忙しい様子。そのまま数カ月がたってしまい、思わず「じゃあ、私が本部に会いに行ったらいい?」と聞いてみると、意外や意外。「あまりお構いできませんが、どうぞ」とのこと。予定を聞いて、京都府警察本部を初訪問することになったのである。

　初めて歩く下立売通。堀川通から東は、京都府庁、上京消防署、府警本部が軒を連ね、御所へとつながっている。検非違《けびい》使《し》のころから京都府警は御所とともにあるということに、なんだか感じ入ってしまった。指定の場所を覗《のぞ》くと、見えたのはそれまでスーツ姿しか知らなかった府警さんの制服姿。その姿がとても新鮮で、今まで彼らの仕事のある一側面しか知らなかったけれど、みんながそれぞれの形で京都を守っているのだなと改めて実感したのだった。

　この「どうぞ」の一言を聞いてから、

護

私はときおり府警本部を訪れるようになった。もちろんみんな仕事中なので、邪魔をしたらいけないと思いつつ、私の大きな「家族」が一堂に会しているところに行けるのがうれしくて、「ねぇ、明日行ってもいい？」と聞いてしまうのである。

ちょっと寄り道

東の端、京都御苑に面する「聖アグネス教会」は1898年竣工、アメリカ人建築家、ジェームズ・M・ガーディナーの設計による。煉瓦造りのゴシック建築は、瀟洒《しょうしゃ》なステンドグラスも美しい。西に歩けば官公庁が建ち並び、堀川通を越えれば商家が点在する古い町並みに入る。文政年間創業の「山中油店」は登録有形文化財。西大路通の手前、法輪寺には無数の達磨が並び、「達磨（だるま）寺」と呼ばれる。映画人の位牌を祀った「貴寧磨（キネマ）殿」があることでも知られる。

新

今出川通（いまでがわどおり）

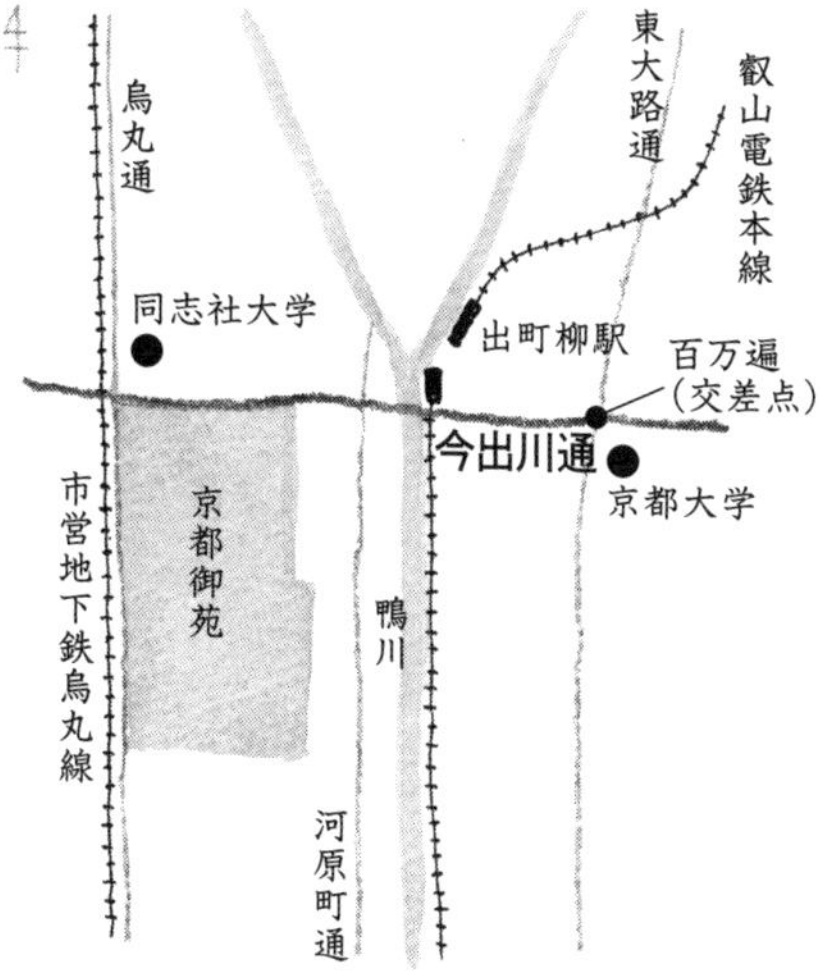

見上げる空が日に日に高くなっていることを感じるころ。青空一面に広がるうろこ雲を眺めていると、なんだかうーんと大きく伸びをしたくなる。そのままばたんと後ろに倒れて、くるくると表情を変える空を見ながら一日過ごせたらどんなに幸せだろう。そんな秋の空が大好きである。

秋はパンがおいしい季節だ、と私は思う。さつまいも、栗、きのこにりんごなど、パンと相性の良い食材が旬を迎える。夏は暑くて食欲が落ちる上、喉を通らない感じがするからあまりパンを食べる気分にならないという話もよく耳にするし、実際「夏場はパンの売り上げが極端に落ちるのよ」と近所のパン屋のおばちゃまに聞いたこともある。肌に触れる風が心地良くなり、食欲の秋を迎え、まさにパンのベストシーズン。パン屋さんの棚を見ているだけで、なんだかうきうきしてしまうのである。

元来京都人はパン好きであるらしい。お年を召した方でも「朝食は絶対トー

今出川通のパン屋

スト」という方が多い。これは、京都人が合理的で新しいもの好きということと、京都は職人の街なので、ご飯よりも手軽に片手で食べられるパンが好まれた、というのが通説になっている。実際、パンの都市別消費ランキングでも、京都市は1位。もちろんそれに比例するように、京都市内にはパン屋さんが数多く存在するのである。

そのパン屋さんが群雄割拠するのが今出川通。京都大学や同志社大学のキャンパスがあり、学生さんが多いのも影響しているのか、本当に数百メートルおきにパン屋さんがあるのである。パリのブーランジュリーのような異国情緒あふれるお店もあれば、昭和の香りのする素朴で味わい深いお店もある。天然酵母系、ドイツ系、フランス系、デニッシュ系、あんパンやクリームパン、カレーパンなど、典型的な日本ならではのパン……世界旅行をするかのように、今出川通を歩いていると、本当にいろいろなパンに出会うことができるのである。

ヨーロッパで長い間生活をして感じたことのひとつに、日本人ほど他国の文化に寛容な国民はいないのではないかということがある。フランス人はフランス料理が一番好きだし、イタリア人はイタリ

ア料理が一番好きだ。それはパンも同じ。ドイツのパン屋さんでバゲットはあまり見かけないし、フランスのパン屋さんでフォカッチャを見かけることはあまりないのである。

でも、日本には世界各国のお料理屋さんがあり、パン屋さんがある。日本人は、昔から外国の文化を良いと思ったら受け入れ、日本らしく変化させてきた。言葉、習慣、食べ物など、本国には残っていないけれど、日本の文化として生き続けているものがたくさんある。ラーメンやカレーだって、もともとは外国から来たものだけれど、今では立派な日本食。他者と共存し、認め合いながら生きていくという、先人たちから自然と受け継がれてきた日本人のDNAはすごいと改めて思う。

伝統と革新は表裏一体。京都という街は、保守的なように見えて、常に新しいものに向き合い、それを取り入れることに貪欲に挑戦してきた。守るだけでは残らない。それが、京都に今も伝統が生き続ける理由であり、またパン屋さんが多い理由でもあるのだろう。

京都のパン屋通りを歩いていると、京都の歴史がまた違って見えてくる。

ちょーっと寄ーり道

東の端、銀閣寺門前から鴨川に向かえば、南北に京都大学のキャンパスが広がる。隣接する「百萬遍知恩寺」の別名、「百万遍」と呼ばれるこの辺りには、昔ながらの学生街の空気が漂う。京大北門前にある老舗喫茶店「進々堂」は1930年オープン。創業者の続木斉《ひとし》はパリでパンを学び、帰国後、日本で初めてフランスパンを製造・販売した。賀茂大橋を渡って進めば、北は同志社大学、南は京都御苑。さらに進めば西大路通の手前に北野天満宮があり、梅見の時期は特ににぎわう。

紅

周山街道（しゅうざんかいどう）

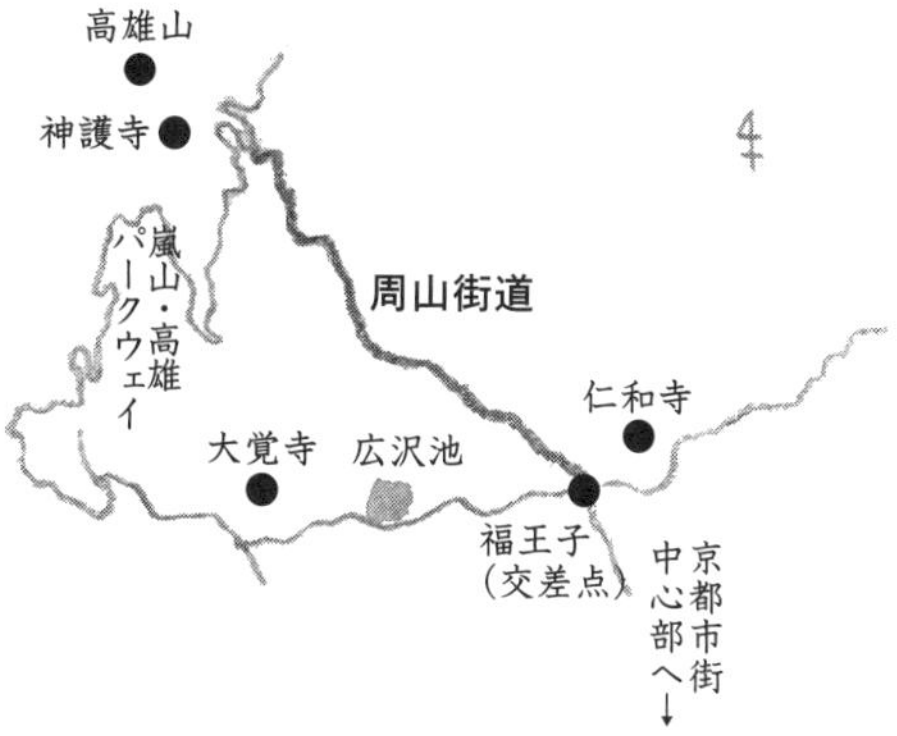

「秋が深まる」という言葉が好きだ。

木の葉が徐々に色付き、日が短くなり、気温が日増しに低くなっていく。時間の流れとともに、秋の情景が本当に奥へ奥へと向かっていく。秋の奥行きが増す。それを見事に言い表した美しい言葉だと思うのである。

京都に住むようになり、秋が深まってくるといつも思い出すのが学習院女子高等科の修学旅行だ。11月半ばに行われる修学旅行の行き先は奈良と京都。一番の楽しみは、京都市内の自主研修だった。

班に分かれ、自分たちで一日の行動計画を立てる。私たちの班のテーマは、「紅葉が見たい」「他の班が行かないようなところに行ってみたい」だったような気がする。まだ少し紅葉には早い季節。京都の友人に問い合わせたところ、「高雄のほうやったらもしかすると……」とのこと。そうして私たちが行くことにしたのが神護寺だった。

当時作った「修学旅行ノート」なるものを久しぶりに引っ張り出してみた。ノートには、自主研修の出だしから迷い、バス停まで走ったこと。参道の石段がきつくて気が遠くなったこと。苦労の末にたどり着いた神護寺の紅葉が本当に美しくて、見た瞬間に疲れが吹っ飛んだこと。そんな心覚えを16歳の私は綴《つづ》っていた。

神護寺金堂へと向かう石段脇の紅葉は、赤く染まっていた

神護寺の紅葉をより美しくしているのは参道だと私は思う。急勾配の長い長い石段を上らなければいけないという試練が、紅葉を見たときの感動をより深めてくれるように思うのである。

その感動を久しぶりに味わいたくて、秋に再び神護寺を訪れてみた。修学旅行のときは、四条烏丸《しじょうからすま》から1時間に1本しかないバスに乗って向かった神護寺。今度は友人に車で連れて行ってもらった。11月に入ると、神護寺の参道はライトアップされる。参道の両脇には灯籠《とうろう》が並び、紅葉の枝や橋が光に照らされるのだ。当時は味わえなかった、「大人の修学旅行」の風情である。

10年以上ぶりに上る参道。ごつごつした石段は、やはり昔と変わらず歩きづらい。でも、子どもたちが描いたかわいらしい絵で飾られた灯籠に心なごみ、途中のお茶屋さんで売っていた紅葉のてんぷらに懐かしさを覚え、美しく照らされる紅葉の枝ぶりに胸を高鳴らせていると、それが原動力になっているかのように、自然と足が前へと動く。いつの間にか楼門に到着していた。

そうは言っても、約400段の石段。思わずふぅ〜とため息をひとつ。よし、と気合を入れ直し、楼門をくぐると境内には息をのむような景色が広がっていた。境内が真っ赤に色付いた紅葉で染まっている。その瞬間に、修学旅行のときに見た景色が脳裏に一気によみがえった。金堂へと向かう石段の両脇の紅葉のまばゆさは格別だった。あのときも私はこの紅葉を見て同じように感動したのだ。10年以上がたっても、神護寺の紅葉は同じようにあの場所にあり、同じように人の心を動かしている。

　100年前も、そして100年後も、神護寺の紅葉はきっと変わらずにあの場所にある。時代に合わせて変わらなければいけないこともあるだろう。千年の都である京都の中でも変わってしまったものはたくさんあるはずだ。でも、「変わらない」ことの意味を神護寺の紅葉は教えてくれる。

　あの弘法大師は、神護寺の紅葉に何を思ったのだろうか。

ちょっと寄り道

神護寺からさらに奥、栂尾《とがのお》の「高山寺」はかつて神護寺の別院で、鎌倉時代に明恵上人が高山寺として再興。国宝の「鳥獣人物戯画」を所蔵する。京都市の南東、伏見の「醍醐寺」は874年創建。豊臣秀吉による「醍醐の花見」の舞台で、国宝の金堂や五重塔はじめ文化財も豊富だ。京都市の北東、山深い大原の「三千院」は雪景色でもおなじみ。市の中心から少し足を延ばせば、桜と紅葉の名所「仁和寺」や石庭で知られる「龍安寺」など見るべき寺は数多い。

灯

四条通（しじょうどおり）

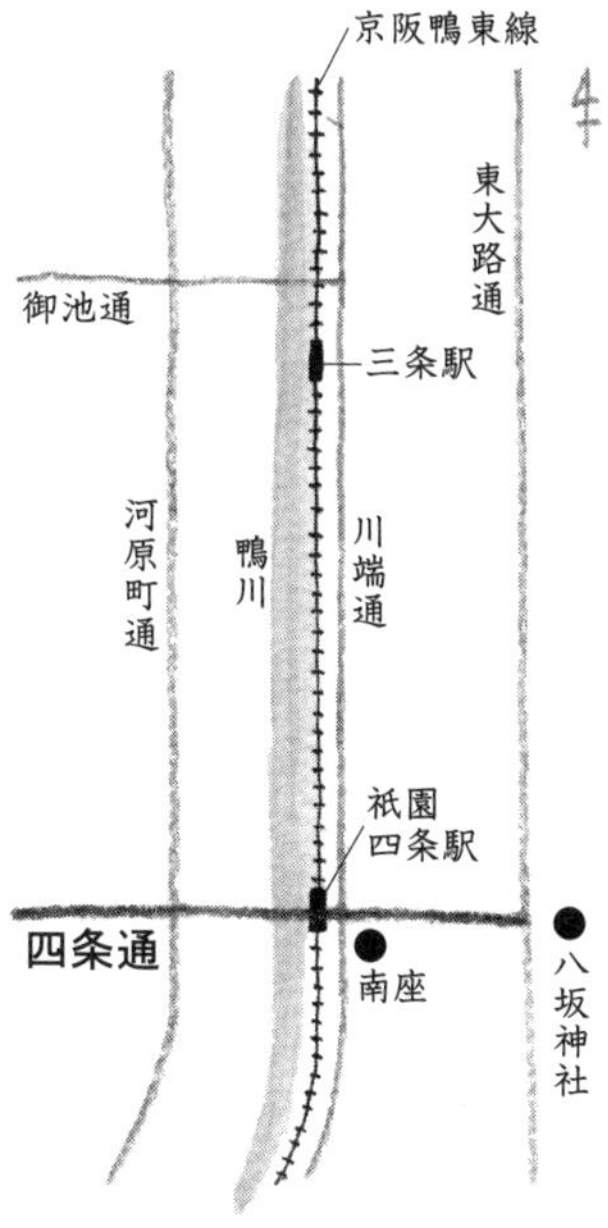

京都はクリスマスがあまり似合わない街だな、とよく思う。クリスマスが近づくと、イルミネーションやクリスマスツリーが出るところはあるけれど、あまり街の風景になじんではいないように感じるのである。

逆に出てくると心が躍るのは正月飾りだ。紅葉の赤や黄色で街中が染められる美しい秋が終わり、京都にはモノトーンの冬がやってくる。その白黒の世界を華やがせ、彩るのが正月飾りだと思うのである。

畳を替え、障子を貼り替え、大掃除をする。餅花を飾り、垣根の竹が瑞々《みずみず》しい青竹に替えられる。神社やお寺、料亭や一般家庭に至るまで、京都ではこういった年迎えの準備をきちんとされるところが数多い。新しい注連縄《しめなわ》や注連飾りを玄関にかけるのは、大掃除が終わって、年神さまをお迎えする準備ができましたよ、というお知らせなのだそうだ。

年末の大掃除はとても大変だけれど、やはり1年分の埃が落ちた家というの

白朮詣りで灯籠の火を吉兆縄に移す参拝客たち（八坂神社で＝森園道子撮影）

はとても気持ちが良い。人間がこのような気持ちにならなければ、いらしていただく年神さまにも失礼である。そう思うと自然と大掃除も頑張れてしまうのが不思議なところ。こうして、年末の京都の街には清々しい空気が流れるのである。

　その年迎えの準備が整ったとき、除夜の鐘を聞きながら京都の人たちが向かうのが八坂神社である。

　京都人に「祇園さん」と親しまれる八坂神社は、祇園祭を筆頭に、年間を通して多くの参拝客が訪れる場所である。でも、その石段下から松尾大社へとつながっている四条通が、八坂神社の参道だと認識している方はあまり多くはないように思う。実は、私も最近そのことに気付いたのである。

それまでは正直なところ、四条通はあまり好きな通りではなかった。京都随一の繁華街であり、京都を訪れる観光客が必ず一度は何らかの理由で通る道だと思うけれど、いつ行っても人が多いし、にぎやかなので、人混みが苦手な私はあえて一本北か南の道を通ることが多かった。

でもやはり、四条通から見る八坂神社の楼門の威風堂々たる姿は格別である。参道の先にお参りするお宮があることの意味を私たちに教えてくれている。それに気付いてから、八坂神社にお参りするときは進んで四条通を通るようになったのである。

灯

その八坂神社では、12月28日、古式にのっとって火鑽臼《ひきりうす》と火鑽杵《きね》で御神火をきりだす鑽火《さんか》式が行われる。この火はご本殿の「白朮灯籠《をけらとうろう》」に移され、1年間絶やすことなく灯《とも》されるが、12月31日の除夜祭が終わった後に境内に吊《つ》るされた灯籠に分火される。

この灯籠の「白朮火《び》」を、竹でできた吉兆縄と呼ばれる火縄に受けて帰り、神棚のろうそくに灯したり、新年のお雑煮や大福茶を淹《い》れる火種にしたりすることを「白朮詣《まい》り」という。燃え残った火縄は「火伏せのお守り」として台所にお祀りするのが通例である。

２０１２年の大晦日《おおみそか》。そのとき私は京都にいた。年末年始京都にいられる機会など、もう一生ないかもしれない。どうしても京都のお正月の風物詩を体験したくて、友人と一緒に初めての白朮詣りに向かうことにした。

四条通を抜け、石段を上がるとたくさんの出店。火縄を手に入れ、いざ境内へ。白朮灯籠に手を伸ばし、ついに念願の白朮火を手にすることができた。凍《い》てつく寒空の下でのそぞろ歩きの中、手にした火縄のほのかな灯は、都でのゆく年の思い出を心にじんわりと刻んでくれるものだった。

ちょっと寄り道

八坂神社から祇園へ進めば、鴨川の手前に「南座」がある。正式には京都四條南座。1603年、四条河原で出雲の阿国が披露した「かぶき踊り」が歌舞伎のルーツとされる。江戸初期には界隈に芝居小屋が7座あり、唯一残ったのが四条通の南にある南座で、1929年、現在の桃山風意匠になった。四条大橋を渡れば、細い路地に飲食店が軒を連ねる「先斗町《ぽんとちょう》」。明治以降、花街として栄え、今は観光客も行き交う。鴨川沿いに並ぶ納涼床は夏の風物詩だ。

京都の道を辿ること、それは歴史をひもとくのに似ている。

飛

河原町通（かわらまちどおり）

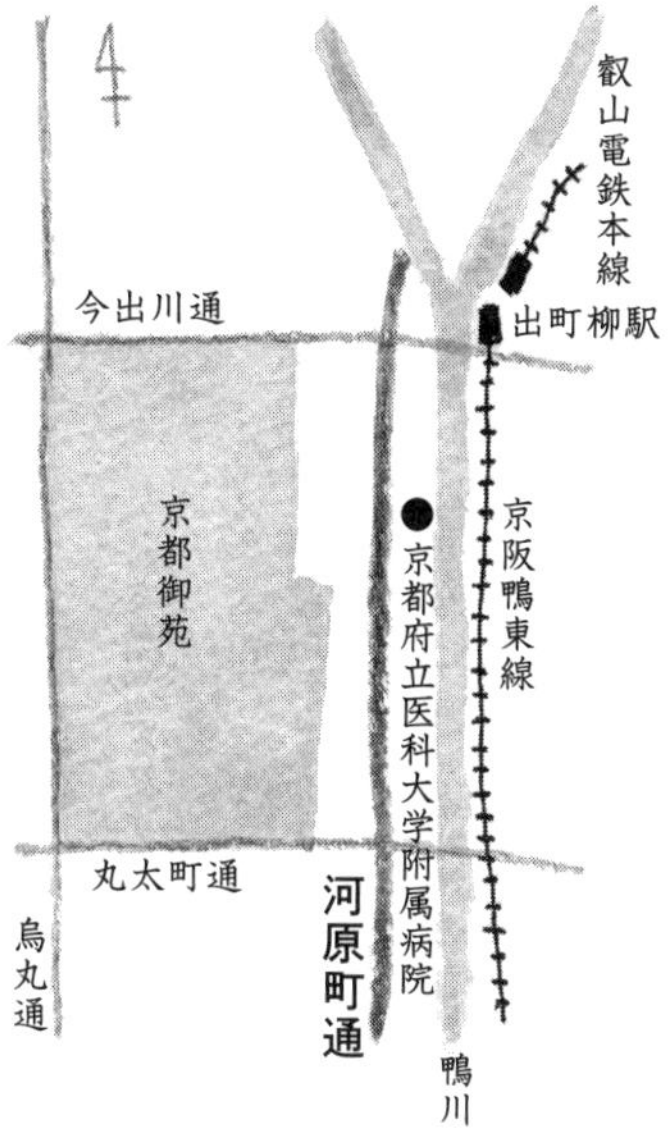

河原町通といえば、京都の街を南北に走る主要な通りのひとつ。豊臣秀吉の京都改造によって開かれた、京都の街の歴史からいえば比較的新しい通りでもある。東側が鴨川の広い河原であることから、「河原町」と名付けられたようだ。

バスの路線も多く走っているので、私も何かと通る機会が多い通り。でも、この通りである建物を目にするたびに、ああ、またここにお世話になってはいけない、という思いを新たにする、私にとっては緊張感のある通りでもあるのだ。

その建物というのが、京都府立医科大学附属病院である。

2013年の1月、私はここの病室にいた。父が亡くなって半年がたち、精神的・肉体的疲労がピークに達してしまったのか、体調を崩し、3週間の入院を余儀なくされた。内臓が腫れているのが自分でもわかるというのは初めての経験で、しばらくの間ほとんど水分も食べ物も摂《と》ることができず、本当につらかった。入院初日など、隣の部屋で詰めてくれていた京都府警さんたちは、隣から生活音が全然聞こえてこないので、本当に私が生きているのか不安になるくらいだったのだそうだ。

1週目は病室内を動き回れる程度。2週目になって、ようやく病室の外に顔を出して側衛さんや府警さんとおしゃべりをしたり、病院内の喫茶店にお茶を飲みに行ったりできるくらいにまで恢復《かいふく》した。3週目。毎日していた点滴が外れ、普通に食事ができるようになり、そろそろ退院しても大丈夫ではないかという声がちらほらと上がるようになった。そこで私は先生に、「リハビリを兼ねて少し外にお散歩に行ってみてもよいですか？」と聞いてみた。「あたたかくして行くのであれば」というお許しをいただき、ついに3週間ぶりに病院の外に足を踏み出せることになったのである。

久々に吸う外の空気。初春月の風は病み上がりの体に冷たかったけれど、3週間見つめることしかできなかった外の世界に自分が存在できていることの喜

鴨川に飛来し、優雅な姿を見せるユリカモメ

びが大きくて、あまり寒さは感じなかったような気がする。
私には毎日病室の窓から外を眺めるうちにできた小さな目標があった。それは「鴨川の飛び石を渡って反対岸に行く」である。主治医の先生がときどき飛び石を渡って出勤されるという話は看護師さんから聞いていたし、子どもたちが楽しそうに行ったり来たりしている姿がほほえましく、そしてうらやましかったからである。
念願の飛び石に到着。上から見ていたときは気付かなかったが、亀の形の石と平行四辺形を歪《ゆが》めたような不思議な形の石がある。「これ何の形?」と聞くと、「エイちゃいます?」と府警さん。「えっ、エイ?」。確かにエイに見えないことはないけれど、なぜ川にエイが?

亀とエイってどういう組み合わせ!?と、側衛さんと府警さん、三者による侃々諤々《かんかんがくがく》の議論の末に出た結論。それは、「エイではなく千鳥」だった。

よくよく考えると、河辺に生息する生き物なのだから、すぐ千鳥だとわかってもよさそうなものだが、最初のイメージが強烈過ぎて、なかなか答えに行きつかなかった。エイから千鳥という振れ幅が大きすぎて、久しぶりにお腹《なか》が痛くなる

まで笑ったのだった。

この千鳥のお散歩の数日後、私は無事に退院した。以来、鴨川の飛び石を見る度に私は心の中でつぶやいている。「やっぱり川にエイはいないよね」と。

ちょっと寄り道

四条から三条にかけては京都随一の繁華街。ビルの谷間に古書店や和装店が昔ながらの佇まいを残す。御池通の手前にひっそりと建つのは本能寺の裏門。本能寺は、もとは四条堀川付近にあったが、「本能寺の変」の約10年後、豊臣秀吉の命によって現在の寺町御池に場所を移した。敷地内の宝物館では、織田信長が遺した茶道具や書状などを観ることができる。河原町丸太町から京都府立医科大学の南、荒神口《こうじんぐち》辺りまでは、人気の飲食店などが集まる話題のエリアだ。

雪

丸太町通（まるたまちどおり）

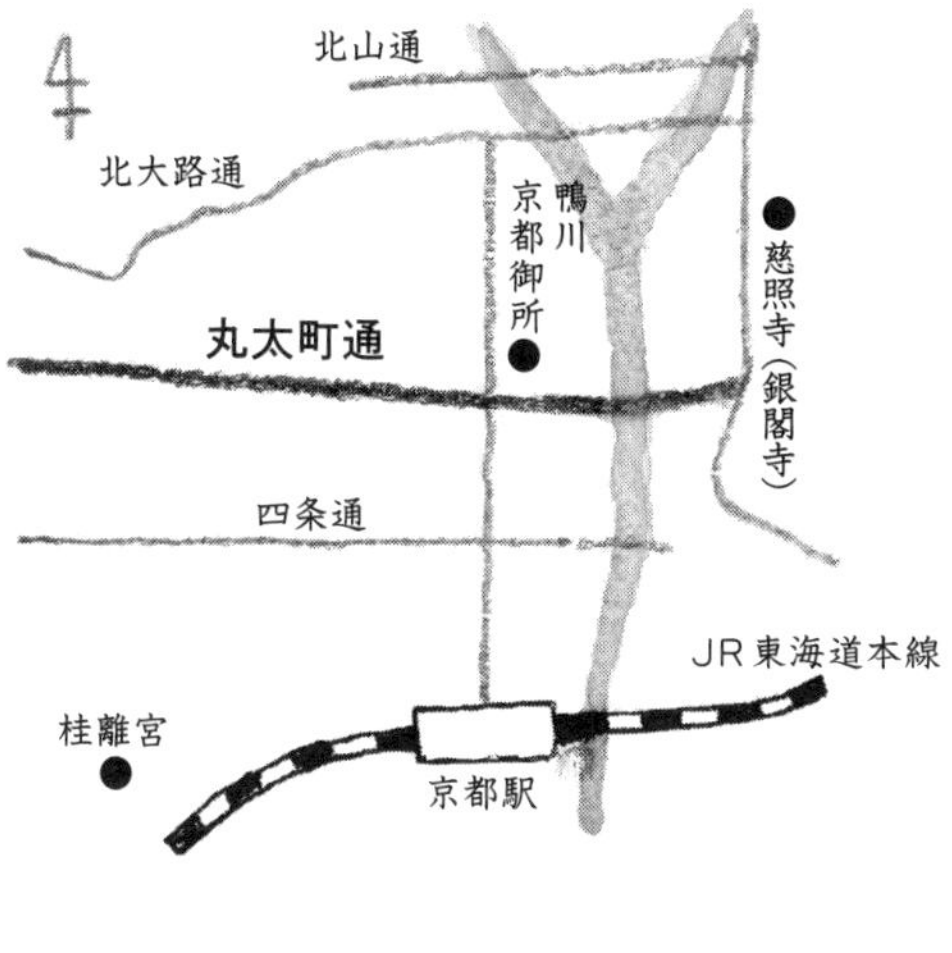

暦の上では立春を迎え、春告草《はるつげぐさ》と呼ばれる梅の便りが北野天満宮のあたりから届くようになった。でも、まだまだ冬本番の京都。はらはらと風に舞う雪花のほうに心奪われる日も数多い。

雪といえば、京都に来てから驚いたことがある。三方を山に囲まれ、市街地の北部と南部では高低差が50メートルくらいある京都市内。北と南では同じ市内でも大分気温が違うのである。京都の人たちは、「丸太町通」「今出川通」「北大路通」「北山通」と北に上がるごとに気温が下がると言う。その変化が一番顕著なのが「丸太町通」ではないだろうか。

丸太町通は、京都御所の南端を走る東西の通り。通り沿いの西堀川に材木商が多くあったことから名づけられたとも、鴨川にかかる丸太町橋の架け替えにあたり、周辺の人々が丸太を寄進したことから名づけられたとも言われる。丸太が行き来していたころは、どんな人たちがこの通りを歩いていたのだろう。

雪化粧した早朝の丸太町通と京都御苑の堺町御門

幕末に蛤御門《はまぐりごもん》の変の舞台となったことでも知られる通りである。

市内でも、北のほうに住まいする私。四条のあたりでバスに乗り、今日はそんなに寒くないなと思っても、最寄りのバス停で降りるとびっくりするほど寒いということもよくある。暮らしている家は古い木造家屋なので、隙間《すきま》風の冷たさは格別である。早朝、室内にただならぬ冷気を感じて障子を開けると、一面の銀世界が広がっていたりする。でも、その光景は絵のように美しく、寒さも忘れて、しんしんと降り積もる雪に見入ってしまうのである。

ただ、北でこのように降っていても、南のほうの友人に連絡すると、「え？　こちらは降ってへんよ」と言われることが多い。同じ京都市内なのに、と思いながらバスで下がっていくと、下がるにつれて確かに雪がだんだんと霙《みぞれ》混じりになり、そしてやわらかな雨に変わる。その雨に変わる地点が丸太町通なのである。雪は、京都盆地の気温の変化を目に見える形で私たちに教えてくれる指標でもあるのだ。

そういえば、初等科時代、朝起きて窓を開けたら、目の前のお庭が水晶のようにきらきらと輝く雪で覆われていたことがある。その清らかな白い光に一瞬で魅

了されると同時に、これはきっと学校がお休みになるに違いないという邪《よこしま》な考えが幼い私の頭をよぎる。そうなったら雪だるまを作ろうか、職員のみんなと雪合戦をしようかと、楽しい計画は次々と浮かんでいるのに、待てど暮らせど学校から連絡網は回ってこない。ついには、登校時間が来てしまった。「あ〜あ」というため息とともに、長靴を履き、赤坂御用地内の雪をかき分けながら学校に向かう。でも、鮫《さめ》が橋門に到着した途端にその景色にはっとする。なんと御用地から一歩外に出ると、雪が全く積もっていないのである。そこからは、何の不自由もなく学校に到着した。

これだけ雪がなかったら、交通機関に何の影響も出ないのは当たり前である。東京都内でも、御用地は緑が多いので、外より気温が低いのだということがそのときわかった。実際、夏でも御用地内に足を踏み入れた瞬間から、少しひんやりと心地良い。私がときどき冗談で、「赤坂村に住んでいます」と言うようになった所以である。

雪の日の丸太町通は、そんな小さなころの思い出がふとよみがえる、私にとっては少し懐かしい思いのする通りなのである。

ちょっと寄り道

京都の中心部を8・5キロに亙って横断し、平安神宮や熊野神社などの著名な寺社が点在する。蛤御門は京都御苑を烏丸通沿いに上がってすぐ。1864年、長州藩と薩摩・会津・桑名藩などの兵士が激戦を交わし、門には今も弾痕が残る。京都御苑は約65ヘクタールに及ぶ広大な国民公園で、敷地内には御所をはじめ九條池や拾翠亭などの遺構がある。約5万本と言われる樹木は多種多彩で、100種以上の野鳥が訪れるなど、京都市の中心にあって豊かな自然が楽しめる。

別

高辻通（たかつじどおり）

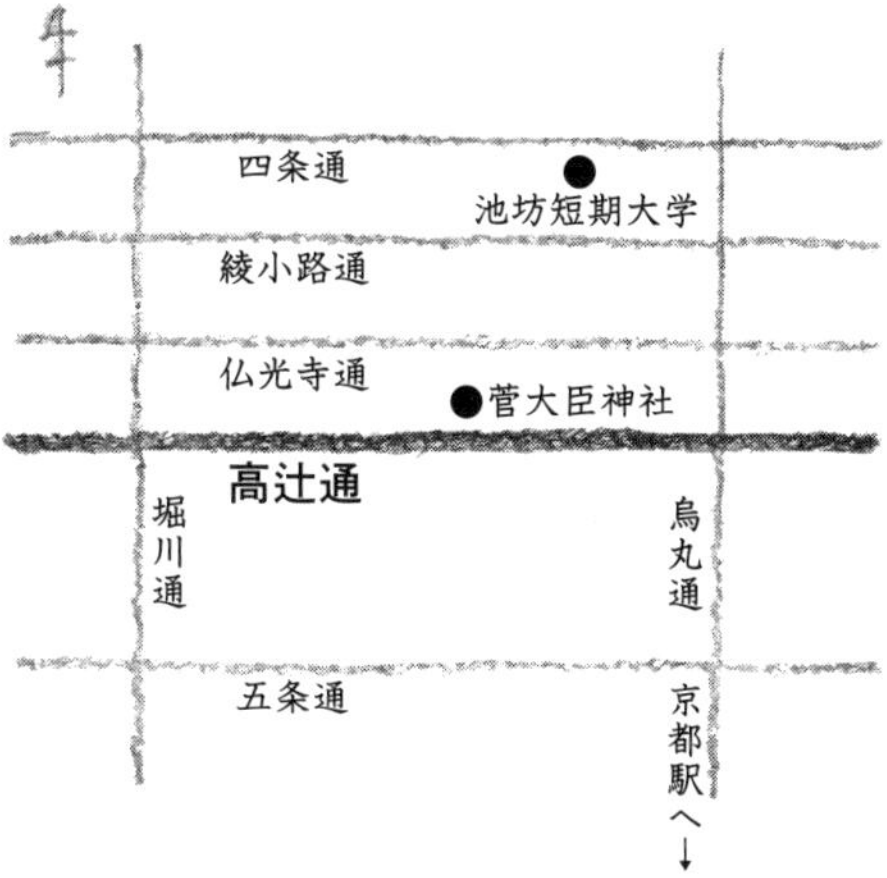

「春と秋とどちらが好きですか?」
と聞かれたら、私は迷いなく「秋」と答える。それにはいろいろと理由があるのだけれど、春はなんだか心がざわざわするのである。特に、厳しい冬の寒さが終わりを告げ、うららかな春の日差しが戻ってくるこの時期は苦手だ。それは3月が別れの季節であるからなのかもしれない。

子どものころから、宮家職員や警察関係など、私の周りでいつも笑ってくれていた人たちが、定期異動で毎年必ず誰か去っていく。それが一生の別れではないことも、4月になればまた新しい出会いが待っていることもわかっているのだけれど、決まって3月になると言いようのないさみしさに襲われるのである。

中でも、最近殊にこたえるのは、太宰府天満宮幼稚園の年長さんたちとの別れである。子どもたちに日本文化を伝えていくために始めた心游舎《しんゆうしゃ》という団体

菅大臣神社の境内にある梅のつぼみに結びつけられたおみくじ

の活動を通して、この3年間、天満宮幼稚園の子どもたちと和菓子作りのワークショップを行ってきた。「和菓子はあまり食べない」「あんこは嫌い」と言っていた子どもたちが、一連のワークショップが終わるころにはみな和菓子好きに変身し、目を輝かせて和菓子を頬張る。彼らの笑顔はこの活動を始めた意義を実感させてくれるとともに、つらいことも多かったこの数年間の大きな心の支えでもあった。「彬子さま、今度はいつ来ると?」「明日は僕たちの通園バスに乗ってくれるっちゃろ?」などと声をかけてくれる子どもたちは、いつしか私にとって大きな家族になっていた。

その子どもたちの卒園式がもうすぐやってくる。毎年、整列した子どもたちを見た瞬間に「立派になったなぁ」と目が潤み、こちらに向かってお礼の言葉を言ってくれるときには大号泣してしまうのである。

京都は、子どもたちが毎日お参りをする太宰府天満宮とも縁が深い場所である。

太宰府天満宮の御祭神である菅原道真公は、現在菅大臣神社となっている、仏光寺通と高辻通に挟まれた南北二町東西一町にかかる広大な敷地の中にある邸宅でお生まれになったといわれている。道真公が謀略によって都から左遷さ

れる際、「東風《こち》吹かばにほひおこせよ梅の花主なしとて春な忘れそ」と詠まれた梅の木があった地でもある。

この梅の木が、主人を慕って一夜のうちに大宰府まで飛んでいったとされる「飛梅」である。飛梅は今も太宰府天満宮の境内で、数ある梅の木の中でも一番先に花を咲かせ、参拝客の目を楽しませている。

そして、飛梅と同じように、道真公を慕って大宰府に向かった人がいた。太宰府天満宮の宮司は、代々道真公の直系の子孫が務めており、当代（当時）の西高辻信良宮司さまが39代目にあたる。菅原家の邸宅が高辻通にあったことから、高辻家と称された菅原氏の嫡流が、西に下ったことで西高辻家を建てられたのである。都を思いながら亡くなられた道真公の血を引く人たちが、今も都を忘れぬ名を冠し、太宰府に住んでおられるというのは、なんだか心を打つものがある。

道真公を慕って大宰府までやってきた飛梅のように、道真公のご加護の下、太宰府天満宮の境内ですくすくと成長した子どもたちが、今度は道真公を思いながら京都を訪れてくれる日が来るだろうか。私の心の寂寥《せきりょう》感とは裏腹に、無邪気な笑顔で春から始まる新生活の準備について教えてくれる彼らと話しながら、そんなことを思った。

ちょーっとー寄ーりー道

菅大臣神社は菅原道真公の没後間もなく創立、境内に残る井戸は道真の「産湯の井戸」とされる。本殿は、下鴨神社の旧殿を1869年に移築したもの。桜の名所としても知られ、高辻通から入って鳥居をふたつ抜けると、本殿に向かって桜並木が続く。菅大臣神社から西へ進み、西洞院通を越えると「道元禅師示寂の地」がある。曹洞宗の開祖、道元は1253年、この地にあった弟子の屋敷で没した。さらに西には染物関係の工房が多く、一部では見学や体験を受け付けている。

洛

北大路通（きたおおじどおり）

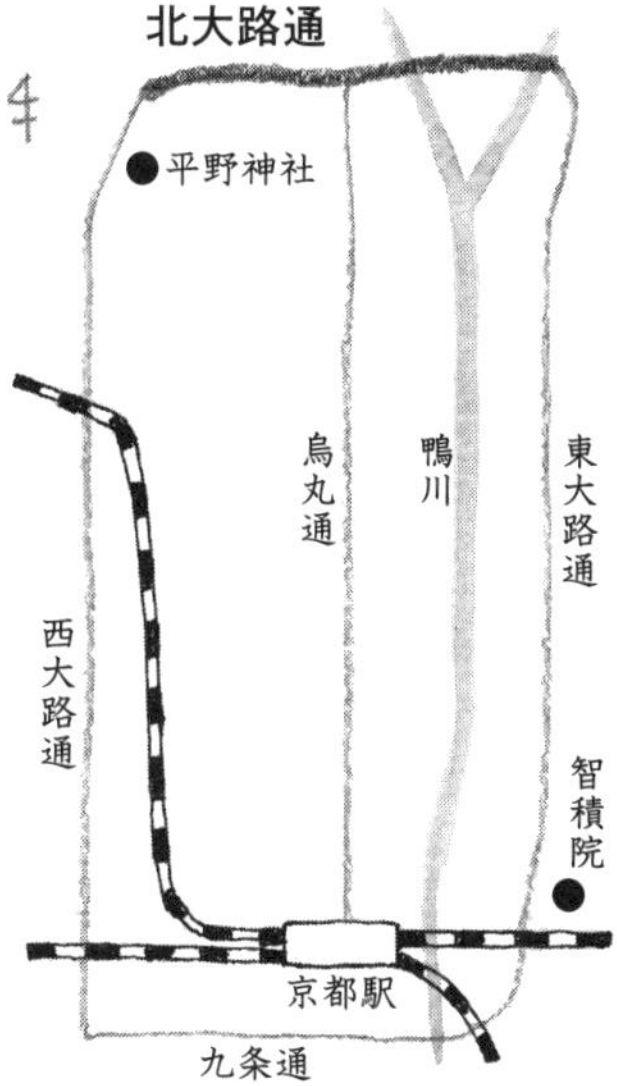

「京都」というのはどこからどこまでを指すのか、というのは、よく京都人の間で議論されるテーマだと思う。伏見や宇治に住む友人が四条界隈に出てくるときに、「京都に行く」とか「京都に出る」とか言うのを聞くことがある。私が親しくさせていただいていた染織史家の吉岡幸雄先生のおばあさまは、良い水が確保できないという理由で、下京区にあった工房を伏見に移すことになったとき、「都落ちや」と大層嘆かれたのだそうだ。つまり、彼らにとって伏見や宇治は「京都」ではないのである。

ここで言う「京都」とは、「洛中」を指す言葉だと私は理解している。《洛中洛外図屏風《びょうぶ》》などで知られる、あの「洛中」である。平安京の都の内側を洛中、外側を洛外と言うが、時代ごとにその範囲は変化している。東の端は鴨川だとか、豊臣秀吉の築いた「御土居《おどい》」の内側だとか、いろいろな意見があり、中には「今の中京のあたりしか京都とは言わへん」という強者《つわもの》もおられる。でも、

洛

現在は概して、東大路・西大路・北大路、そして南は九条通、つまり京都駅のあたりまでが「京都」と理解されているようだ。

大路に囲まれた地域が京都というのはわかりやすくて良いなと思う。特に北大路通は、私が立命館大学に勤務していたころの通勤路なので、中でも愛着を持っている通りである。夏の暑い時期と雨の日以外、風が強い日も、小雪が舞う日も、毎日自転車で北大路を疾走していた。大学までの道は緩やかに上っているので、地味にこたえる。信号の接続がいいと、ずっと青信号のまま大学まで行けてしまい、大学に着くころには「もう今日の仕事は終わった」と思ってしまうくらい疲労困憊《こんぱい》になっていたこともよくあった。

北大路通からそのまま西大路通を下がっていくと私が好きな場所がある。平野神社。古くは平城京の時代から宮中にお祀りされており、７９４年の平安遷都とともに現在の地に遷座された。そのころから平野神社は桜の名所として知られている。

桜は生命力を高める象徴として尊ばれ、臣籍降下した氏族の氏神でもあった

平野神社の境内で見ごろを迎えた昔ながらの桜

平野神社には、子孫繁栄を願い、平安時代から多くの桜が植樹されたのだそうだ。現在ではその数約60種400本を数え、桜苑は毎年たくさんの花見客でにぎわっている。3月初旬の河津桜を皮切りに、種々多様の桜が次々と開花し、4月末くらいまでの約2カ月に亙って、桜の花が咲き乱れる様子は圧巻であり、桜の時期は吸い寄せられるようにふらりふらりと仕事帰りによく足を向けたものである。

私が平野神社を好きな理由は、昔ながらの桜が見られることにある。現在私たちが街中で一般的に目にする桜は、ソメイヨシノがほとんどである。葉が出る前に花が咲く、華麗な桜であるが、挿し木や接ぎ木でしか子孫を残すことのできない、江戸時代末期から明治時代初期に開発されたクローン植物である。桜守の佐野藤右衛門さんに「ソメイヨシノには年輪がない。みなが幹やと思うとるところは、枝が太くなっとるだけや」と聞かされたときには仰天したけれど、あぁ、それがクローンだということか、と妙に納得したことを覚えている。クローンゆえに病気にも弱く、寿命も60年ほどと言われている。美しさの陰にあ

るはかなさを知り、満開に咲き誇るソメイヨシノを見ているとふと切なくなるときがあるのだ。

平野神社には、ソメイヨシノだけではなく、多くの山桜系の桜がある。花を楽しむために葉は不要と思われる方も多いのかもしれないが、私は葉と花が同時に出てくる昔の桜が好きだ。尾形光琳や円山応挙といった稀代《きたい》の画師たちが描いた桜。日本美術研究者の端くれとして、彼らが見ていた桜と同じような桜を今も見られることに、なんだか胸ときめくのである。

平野神社の桜は終わっても、洛中の東の境界、東大路通沿いにある智積院《ちしゃくいん》の障壁画の中では、長谷川等伯の息子、久蔵《きゅうぞう》が描いた桜がいつも満開である。あの桜が見られるならば、洛中の西の端から東の端まで、足を延ばすのも苦にはならない。

ちょっと寄り道

通り沿いには新旧さまざまな店舗や住宅が密集する。西の端、西大路通を越えた先には「金閣寺」。東へ戻れば、千利休とも関わりの深い禅宗の「大徳寺」がある。1315年創立、仏殿や法堂に加えて22の塔頭《たっちゅう》を擁し、建造物などの多くが国宝や重要文化財に指定されている。本坊は普段は非公開だが、石庭で知られる「龍源院」や本堂が国宝の「大仙院」など一部の塔頭は常時公開されている。大徳寺の奥には、門前のあぶり餅でも有名な「今宮神社」がある。

在

御池通（おいけどおり）

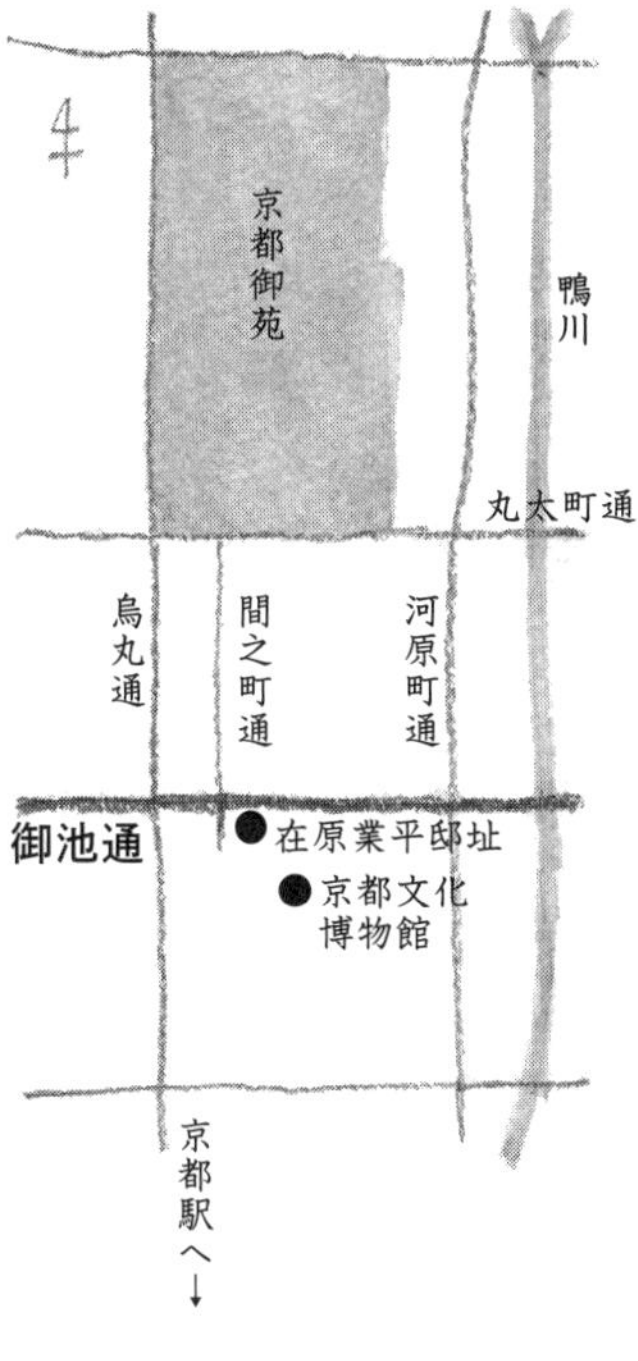
北
京都御苑
鴨川
丸太町通
烏丸通
間之町通
河原町通
御池通
在原業平邸址
京都文化博物館
京都駅へ↓

いつの間にか散歩に最適な季節になった。京都の暑く厳しい夏がまたやってくるのに備えて、束《つか》の間の休息を神様からいただいているかのような清々しい時季である。頬をなぜる風がさわやかに吹き、外でピクニックをするのも気持ちがいい。ゴールデンウイークには久しぶりのお休みをいただいて、観光客でにぎわう街の喧騒《けんそう》を避けつつも、毎日コースを変えてはいろいろな場所をてくてく歩いていた。

先日、御池通を歩いていたら、ふと目に留まったものがある。間之町通《あいのまちどおり》との交差点、南東角の大きなビルの脇にひっそりと立っていたのは、「在原業平邸《ありわらのなりひらてい》址《あと》」と書かれた石碑。在原業平は、言わずと知れた平安時代初期を生きた貴族で、六歌仙・三十六歌仙にも数えられる名歌人である。美貌の皇孫でありながら、出世を望まず、自由奔放に生きた人であったようだ。

現在の烏丸御池の界隈は京都きってのオフィス街だけれど、業平の時代は臨

御池通のビル脇にひっそりと立つ「在原業平邸址」の石碑

時の内裏や貴族の邸宅が軒を連ねる一等地だった。そんな地に邸宅を構え、業平は周りに住まう貴族たちと交流をしながら、優雅な生活を送っていたのだろう。注意していなければ見過ごしてしまう、人知れず立つ石碑を見ながら、牛車が行き交っていたであろう平安時代の往来に思いを馳せた。

在原業平といえば、『伊勢物語』の「昔男」のモデルとなった人物として知られている。留学中のある時期、英語の史料ばかり読まなければいけないのに疲れて、日本から『伊勢物語』の注釈本を送ってもらい、気分転換に読んでいたことがある。学生時代の古典の授業で読んで好きだったこともあり、一段が数行程度の文と和歌で構成されていて読みやすかったので、寝る前に一段ずつよく読んでいた。

今思えば、軽めのエッセイなどではなく、なぜ古典作品をわざわざ読んでいたのだろうかと思うけれど、当時の私はエッセイなどを読むくらいではとても心身が休まらないほど、英語漬けの毎日だった。古典を読んで、無理やり日本語のほうに頭を切り替えないと、脳の興奮状態を抑えることができなかったのである。

昔男の一代記とも言うべき物語を少しず

在

つ読み進めていくことは、彼の人生を追体験しているような気分にもなり、留学生活の中の数少ないやすらぎのひとときだった。

『伊勢物語』で好きなお話はいろいろあるのだけれど、当時一番心にしみたのは「東下り」の段である。都を追われた昔男が、東国へと下っていくとき、三河国の八橋というところに差し掛かった。その川のほとりで杜若《かきつばた》が美しく咲いているのを見て、「かきつばたという五文字を句の始めにおいて、旅の心を詠《よ》みなさい」と言われて和歌を詠んだというあの有名なお話である。

唐衣《からころも》　きつつなれにし　妻しあれば　はるばる来ぬる　旅をしぞ思ふ

着慣れた唐衣のように親しんだ妻が都にいるので、はるばる遠くまで来てしまったこの旅をしみじみと思うことだ、という意味の和歌。初めてこの段を読んだときは、こんなにも美しく言葉を使った和歌があるのかと、やまと言葉の優美さに心の底から感動した。でも、オックスフォードの寮で改めてこれを読んだとき、なんだかあのときとは違って感じたのである。

もちろん私は都を追われたわけでもなかったけれど、妻を置いてきたわけでもなかったけれど、暮らし慣れた日本を離れ、異国でひとり七転八倒している自分の姿は、昔男と重なって見えた。そして、初めてこの歌を詠んだ昔男の心情を理解できたように思えたのである。

今は京都から愛知まで新幹線であっという間だけれど、業平の時代は牛車や馬で何日もかかる。本当にこの世の果てまで来た気持ちだったことだろう。日本から遠く離れた英国の地にあって、私はひとりで生活をしていくことの意味をひしひしと感じた。「かきつばた」の歌は、自分に課せられた責任の重さを自覚させてくれたのだった。

御池通を歩きながら、久しぶりにあのときの「私」を思い出した。

在

ちょっと寄り道

川端通と堀川通の間は市内で最も幅が広く、河原町御池には京都市役所が建つ。1927年に本庁舎東館が竣工、近代建築の名匠、武田五一らが設計。西に向かって歩けば、南側の長い黒塀に目が留まる。1818年創業の老舗旅館、「柊家」だ。麩屋町通を挟んだ隣は、同じく老舗旅館で創業300年余、著名な外国人の顧客も多い「俵屋」。さらに西、堀川通にかけてはビルが建ち並び、烏丸御池を上がれば旧小学校を改築した「京都国際マンガミュージアム」がある。

薬

二条通（にじょうどおり）

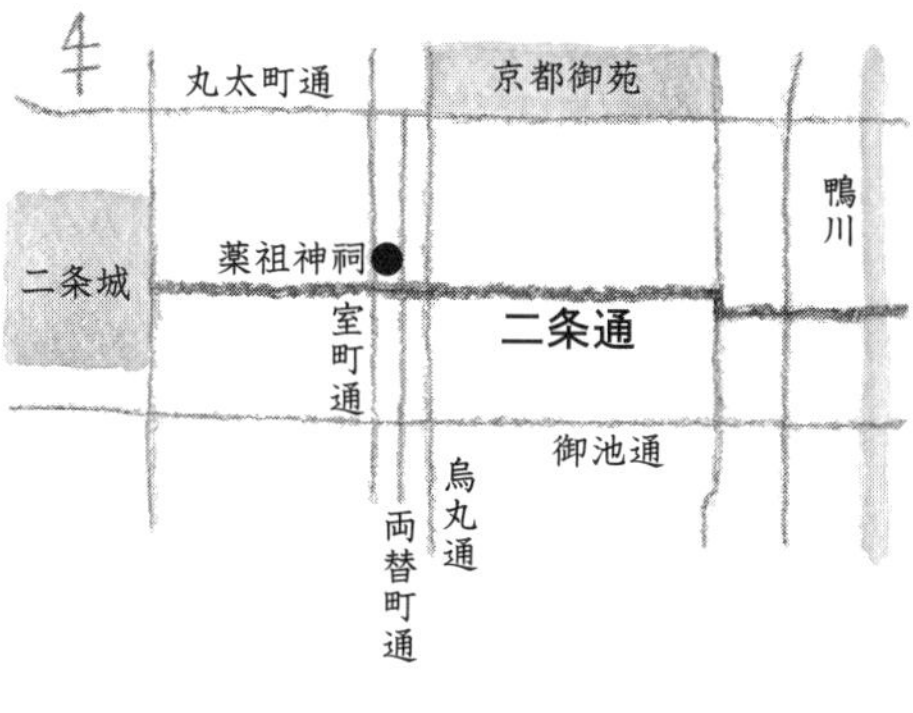

6月に入ったと思ったら、あっという間に梅雨入りして、しとしとと降ったり止《や》んだりを繰り返す雨に、頭を悩ます季節がやってきた。

毎年この時期は、いまひとつ体調が優れなかったりする。新年度が始まり、行事が続いていたのが、夏前で少し落ち着いてきたところで、ふっと気が抜けてしまうのである。私は疲れてくると、割と身体に出てしまうほうだ。手先や顔にプツプツが出てくると、それが身体からの疲労のサイン。ぼちぼちきちんと休まなければいけないな、と気付かせてくれるものなのだ。

先日も、大分予定が立て込んでいて忙しかったとき、案の定、鼻の頭にプチッとできてしまった。次の日は公務で人前に出なければいけないのに、このままでは赤鼻のトナカイである。どうしたものかと悩んでいたときに、はたと思い出したのがある軟膏《なんこう》だった。

数カ月前、仲良しの京都府警さんが、「彬子さま、職人さんとかよく取り上

二条通に面した薬祖神祠には、日本や中国の薬の神様とともに西洋医学の父とされるヒポクラテスが祀られている

げておられるでしょう？　この方も、江戸時代から一子相伝で作っている和薬屋さんなんですって。僕も買ったんですけど、よかったら……」と薄い缶に入った軟膏をひとつくれたのである。腫れ物や切り傷によく効くと書いてある。蓋《ふた》を開けてみると、出てきたのは真っ黒の膏薬。ちょっと勇気が必要な外見だったけれど、もしかしたら……と一縷《いちる》の望みをかけて塗ってみた。すると、塗ったそばからじわじわとあたたかくなり、なんだか効いているのが感じられる。翌朝、軟膏を落としてみると、すっかり赤みが引いているではないか。思わず鏡を見ながら、

「すごい」とつぶやいてしまった。今まで和薬や漢方薬にはほとんどご縁がなかったけれど、日本で古くから使われている自然の薬の持つ力に感服したのだった。

その薬屋さんが、二条通を少し下がったところにある。あ、ここだ、と思ったら、周囲にも薬屋さんが点在していることに気付く。

二条通は、「一条戻り橋、二条のきぐすり屋、三条のみすや針……」とわらべ歌にも登場するくらい、かつては江戸幕府公認の薬種街であり、80軒ほどの薬問屋が軒を連ね、同業者町を作っていたという。今ではその数は10軒ほどに減少し

てしまったけれど、和薬、漢方薬や染料のお店があり、医薬品や医療機器関連の会社も多い。京都のような、京都ではないような、古いような、古くないような、不思議な空気が流れている通りなのである。

その二条通には、薬の神様をお祀りした薬祖神祠《やくそじんし》がある。鳥居をくぐってひょいと中を覗いてみると、ガラス張りになっていて、その奥には、日本の薬の神様である「大己貴命《おおなむちのみこと》（大国主命《おおくにぬしのみこと》）」と「少彦名命《すくなひこなのみこと》」、中国の医薬の神様「神農」、そして古代ギリシアの医者で、西洋医学の父とされる「ヒポクラテス」が合祀《ごうし》されていた。日本も中国もギリシアの神様も一緒にお祀りして、感謝しようというこのおおらかさ。二条通の一風違った空気感はこういうことか、と、なんだかひとり合点がいった。

明治に入り、さまざまな文化が西洋から入ってきて、日本古来の文化がその役目を終えたり、規模を縮小せざるを得なくなったりした。それはもちろん自然の理であるのかもしれない。でも、その流れの中で、今もその姿をとどめ、残ってきているということには必ず理由があるはずだ。

「薬」という字は、艸《くさ》かんむりに楽と書く。楽とは、「治療する」という意味だと言われている。「草で治療する」から、薬。原始時代から人間は、天然の植物を薬用に使ってきた。それが、和薬や漢方薬という形で現代に残っている。日本人が大切に守ってきた「薬」の役割を再認識し、自然が人間に与えてくれている恵みに改めて感謝したいと思ったのだった。

ちょーっとー寄ーりー道

東端の岡崎は、平安神宮の大鳥居を中心に、ロームシアター京都（旧京都会館）、京都国立近代美術館、京都市美術館などが並ぶ文化芸術地区。平安神宮は、平安遷都1100年を記念して1895年に創建。朱塗りの社殿のまわりに池泉回遊式庭園が広がり、四季折々の景観が美しい。通りの西端は二条城正面。二条城は1603年、徳川家康が京の宿として建設。15代将軍慶喜が大政奉還を行ったのは「二の丸御殿」。書院造の建物は細部の装飾も豪華で、狩野探幽《かのうたんゆう》らによる障壁画も見応えがある。

山

愛宕神社の参道（あたごじんじゃのさんどう）

私が今勤務している京都産業大学のキャンパスは、上賀茂神社よりさらに北、上賀茂神社の御祭神、賀茂別雷大神《かもわけいかづち》が降り立たれたという神山《こうやま》の麓《ふもと》にある。だいぶ北に上がっているだけあって、京都市中心部に比べるとかなり涼しい。いつも通勤のバスを大学前で降りるとひやっとした風を感じる。市内の中心部に比べると、おそらく2〜3度は違うのではないだろうか。

その神山に鬱蒼《うっそう》と茂る木々の奥から蟬《せみ》の声が聞こえるようになった。最初聞いたときは、「えっ、嘘《うそ》!?」と思った。自宅の周りでは全く鳴いていなかったし、早すぎる気がしたのである。実際、「京産大ではもう蟬が鳴いていてね」と、うきうきと報告した街中に住む友人には「空耳でしょう」と一蹴されたくらいのタイミングだったのだ。

桜が南から北へ、高度の低いほうから高いほうへと咲いていくように、蟬などの虫も、暖かいほうから出てくるものだと今まで思い込んでいた。蟬は山か

人力車が行き交う嵐山の渡月橋から望む愛宕山（中央奥）

ら里に下りていくものであるらしい。京都産業大学に勤めるようになって学んだことのひとつである。

京都は三方を、神山をはじめとする山に囲まれた土地である。海か山でいえば、確実に山っ子であることもあって、山を見ているとなぜか心落ち着く。北にあるのが北山、東にあるのが東山、西にあるのが西山というなんだか京都らしいいさぎよさも好きだ。

7月で山、といえば、多くの人が頭に浮かべるのは、「愛宕山の千日詣《まいり》」ではないだろうか。

愛宕山の山頂には、全国に約900社

ある愛宕神社の総本社にあたる愛宕神社がある。防火・火伏の神様をお祀りしており、「火迺要慎《ひのようじん》」と書かれた愛宕神社の火伏札は、京都のご家庭の台所や料理屋さんの厨房《ちゆうぼう》によく貼られている。この愛宕神社に、7月31日の夜から8月1日の朝にかけてお参りすると、千日分の御利益がある、というのが千日通夜祭、通称千日詣である。

　千日詣の話は、何年も前から友人から聞いていた。夜を徹して山を登るというなかなかできない経験、参道の灯りの灯った幻想的な風景、そして、参道は階段だけれど、割と本気の山登りで「しんど

い」ということも。最後の情報が引っかかって、今まで既《すん》のところで腰が上がらなかった千日詣。山登り好きの友人に説得されて、ついに「行きます！」と言ってしまった。

大渋滞の末、登山口の駐車場に車を停《と》め、いざ登山開始。登山口の鳥居をくぐると、思っていたよりも急な坂道。おまけに看板には「自分で登り、自分で下山する他、手段はなし」との厳しい言葉が赤字をまじえて躍っている。一気に不安が襲う。その表情を察したのか、「引き返すなら今ですよ」と府警さんに言われたけれど、心を奮い立たせて足を進めた。

しばらくすると、山を下りてくる人が何かこちらに声をかけてくれていることがわかる。友人に聞くと、山を下りる人たちは「おのぼりやす」、これから上がる人たちは「おくだりやす」とお互いに声をかける決まりなのだと教えてくれた。お互いを気遣い、結びつけ、数時間の思いを共有できる言葉。とても素敵な習慣だと思った。

でも、この4キロの登山道、やはり運動不足の身体にはかなりきつい。途中で足が攣《つ》ったときはどうなることかと思ったし、参道の脇に適宜掲げられている立て札を見て、まだ三分の一も来ていないと気付いたときは、ちょっと心が折れかけた。それでも「帰る」という気持ちにならなかったのは、山全体に満ちている不思議な高揚感とそこかしこから聞こえてくる「魔法の言葉」のおかげだったような気がする。

帰宅したときは夜中の2時を回っていた。でも、山頂に着いて火伏札を手にできたときの達成感と、山を上ってくる人たちに初めて「おのぼりやす」と言えた瞬間の喜びの残像は、なかなか心から消えなかった。

ちょっと寄り道

京都盆地を囲み、それぞれ標高400～600メートル級の山が連なっている。西北には愛宕山がそびえ、北山は鞍馬や貴船から遠く若狭へ通じる。桂離宮はじめ数寄屋建築に多用された北山杉の産地だ。東山の山々は「東山三十六峰」と呼ばれ、北は比叡山から、「五山送り火」の「大」が灯る如意ヶ嶽(大文字山)などへ続く。山麓には、北は曼殊院から南は伏見稲荷大社まで数々の社寺が点在。西山には善峯寺、光明寺、柳谷観音楊谷寺の三山を結ぶ巡礼の西山古道があり、近年、新たに整備された。

迎

松原通（まつばらどおり）

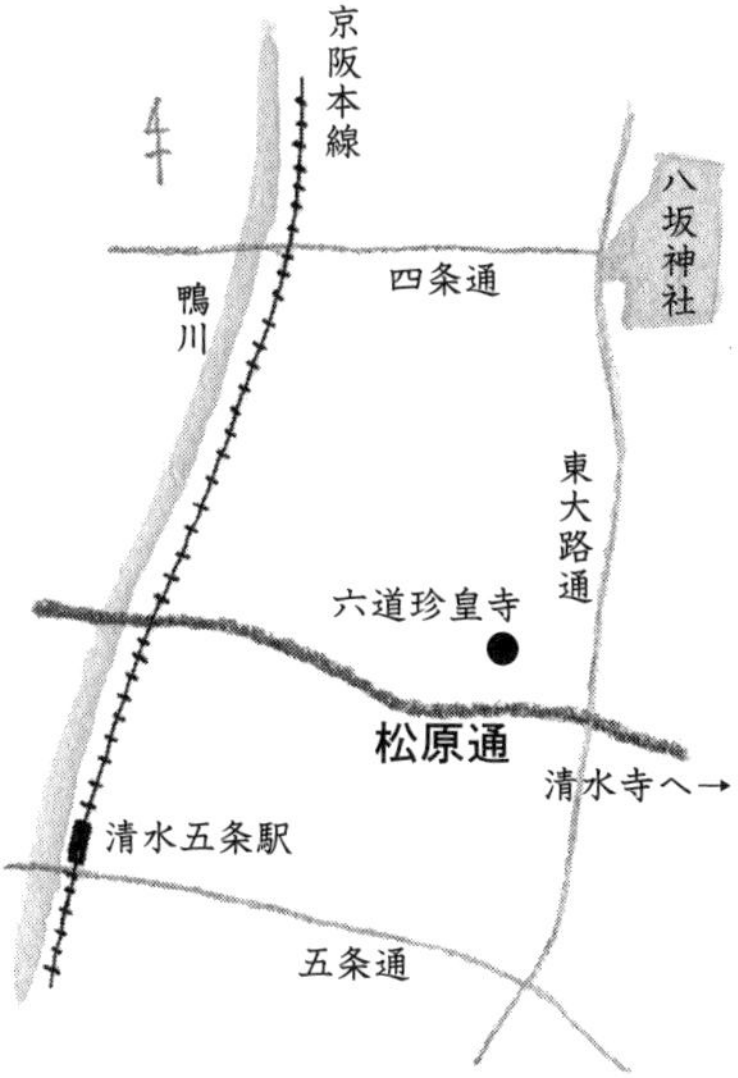

先日、普段は英国在住で、日本に一時帰国している親友の、7歳になるお嬢さんと電話で話していたら、突然「今あきちゃんパパ帰ってきてるね」と言われた。一瞬何のことかさっぱりわからず、もしや怖い話ではなかろうかと、おそるおそる「え？　あきちゃんパパに会ったの？」と聞いてみた。すると彼女がすかさず言った。「だってお盆でしょ？」と。

ああ、そうか、東京のお盆は7月だった、とようやく気付いた。彼女と話したのはまさにそのお盆のころ。「きっとグランマ（彼女の祖母）とあきちゃんパパ、今ごろお話ししてると思うよ」と彼女が誇らしげに言うのを聞きながら、電話のこちら側で目頭が熱くなってしまったのだった。

彼女のお祖母《ばあ》さまも数カ月前に亡くなられたばかり。小さな子どもなりにいろいろと感じるものがあったのだろう。お盆というものが、彼女にとって祖母の死をしっかりと理解し、前に進む一歩となっていたようにも思う。

迎

松原通（まつばらどおり）

身近な人との永遠の別れというのは、誰しもつらいものだ。でも、こうして「死」というものと自然と向き合うことのできるお盆の習慣というのは美しいものだと改めて思った。

京都でのお盆行事は8月に行われる。神道の家に生まれたこともあり、ほとんどお盆とは関わりのないまま育ってしまった。お盆が身近なものになったのは、京都に住み始めてからのことである。

8月13日に始まり、16日の五山の送り火に終わるお盆の期間は、各家庭でご先祖の霊を祀る供養が行われる。袈裟《けさ》姿でスクーターに乗ったお坊さんをそこかしこで見かけるようになると、お盆だなぁと思う。お盆の間は精進料理なので子どものころはつらかったけれど、16日の夜に五山の送り火を見ながら、精進落としでいただけるかしわ（鶏）のすき焼きが楽しみだったという話を生粋の京女の友人に聞かせてもらったことがある。先祖供養の習慣というのは、日本でもだんだん希薄になりつつあるけれど、京都ではこうした行事をきちんとされるご家庭が多いような気がする。

「六道まいり」期間中の六道珍皇寺の境内。ご先祖の霊を迎えるため、迎え鐘の音が響く

このお盆の期間の少し前、活気づくのが松原通である。松原通は、昔の五条通。当時は清水寺への参詣道として栄え、六《ろく》波羅蜜寺《はらみつじ》をはじめとする多くのお寺が軒を連ねる。往時は平家一門の邸宅などでにぎやかであったに違いない地域だけれど、普段は人通りも少なく、ひっそりとした通りである。

でも、ここはちょうど六道の辻あたり。あの世とこの世を隔てる境界線。毎年8月7日から10日の4日間、松原通には屋台が並び、大勢の人であふれかえる。六《ろく》道珍皇寺《どうちんのうじ》で行われるお精霊《しょらい》さん迎えの行事、「六道まいり」のためである。

参道でお精霊さんの依代《よりしろ》である高野槇《こうやまき》を買い、亡き人の戒名を書いてもらった水塔婆《みずとうば》を回向し、冥界まで聞こえるという迎え鐘をついて、先祖の霊をお迎えする。そして、魂の宿った高野槇を、寄り道せずに持ち帰り、お仏壇にお供えするのである。

高野槇を使うのは、昼は朝廷に、夜は閻魔《えんま》大王に仕えたという、「冥土通い」の伝説で知られる平安時代の公卿《くぎょう》である小野篁《おののたかむら》が、六道珍皇寺の井戸から高野槇の枝を伝って地獄へ降りて行ったという

言い伝えによるのだとか。井戸を見下ろしてみると、ひやりとした空気があたりに漂う。やはり別世界へと誘われるような、不思議な時間軸の流れがここにはあるのだ。

かつて、六道珍皇寺より東は鳥辺野《とりべの》と言われる葬送の地であった。まさに六道の辻があの世への入り口だったわけだ。一般的なお盆の期間よりも早く六道まいりが行われるのは、一日でも早く、少しでもあの世に近い場所まで、ご先祖さまをお迎えに行こうという、京の人々の気持ちの表れなのだろう。

8月は、日本人にとって祈りの月。ご先祖さまが歩んできた歴史にも思いを馳せる月。

迎

ちょっと寄り道

東の端は清水寺門前。参道の清水坂を進めば、石畳に工芸品店や和菓子店が並び、観光客でにぎわう。途中の「産寧坂（三年坂）」は、京都らしさを象徴する観光名所のひとつだ。六道珍皇寺は臨済宗の寺で、井戸は特別公開時のみ見学できる。六波羅蜜寺は951年、空也により創建。本尊の十一面観音立像は国宝に指定されている。通りをさらに西に進めば、牛若丸と弁慶の伝説で知られる橋がある。「京の五条の橋の上」と歌われるのは、鴨川にかかる現在の松原橋だ。

仏

正面通（しょうめんどおり）

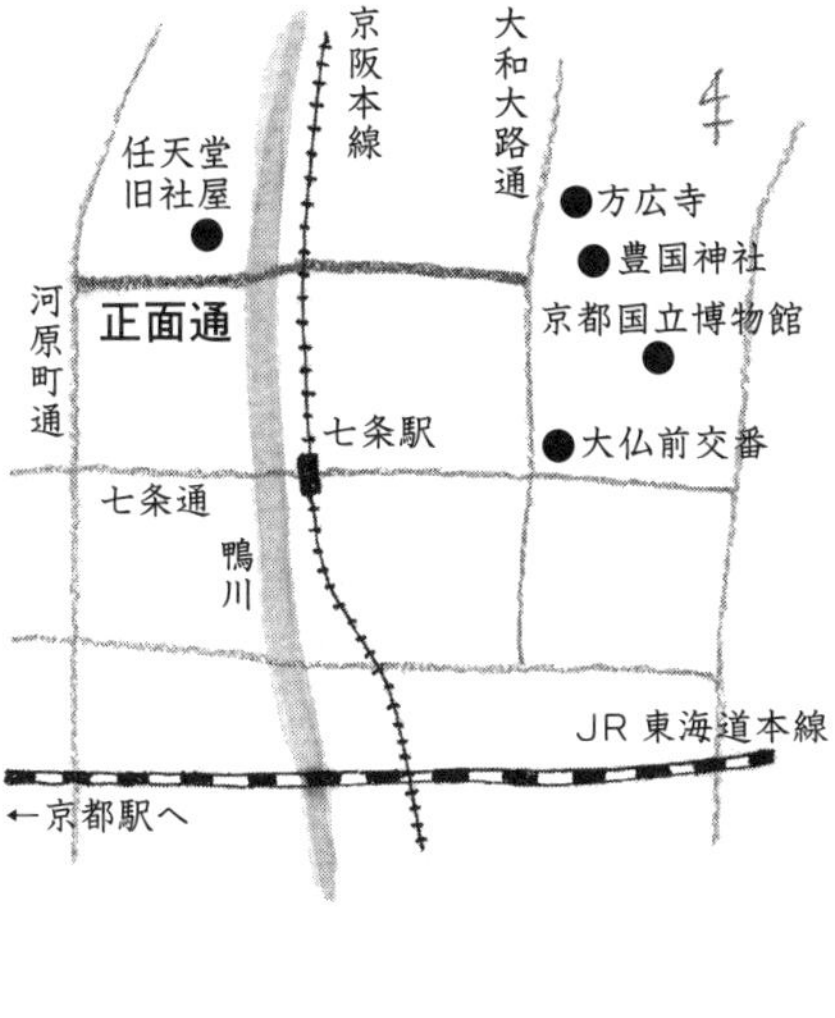

京都に来たばかりのころ、バスに乗っていて思わず「えっ、今なんて?」と聞き返してしまった通りの名前がある。正面通。「河原町正面」とか「堀川正面」とか。「河原町の正面ってどういう意味?」「通りに正面とか背面とかあるのだろうか……」とすっかり頭がはてなマークでいっぱいになってしまったのである。

後で調べてみると、豊臣秀吉が創建した方広寺の大仏殿の正面であることから、「正面通」と名付けられたことがわかった。秀吉が東大寺の大仏に負けないようにと造立し、六丈三尺(約19メートル)を誇ったと言われる大仏は、造立の翌年の慶長伏見地震で倒壊。倒壊を免れた大仏殿も、寛政10(1798)年に落雷によって焼失した後は再建されることはなく、今に至っている。

平安京の大内裏の址に豊臣氏の本邸である聚楽第《じゅらく》を建て、都の四方を守る御土居を築き、京の都の都市改造政策を実施した秀吉。応仁の乱で荒廃した都を復興し、現在へと続く京の街の基盤を築いたのは間違いなく秀吉である。徳川政権下になり、秀吉にゆかりのあるものの多くが消されてしまう中で、正面通の名が残っているのは、京の人々の秀吉への感謝の念が今も生き続けているからなのかもしれない。

秋のある日、京都国立博物館に友人と出かけた帰り道。時間があったので、京都駅まで歩いてみましょうか、という話になった。いつものように七条通を西に向かいながら、普通に大通りを行くのはつまらないな、とふと思った。そんなとき目に飛び込んできたのが、大和大路七条の交差点にある大仏前交番。

仏

正面通を訪ねると、任天堂の旧社屋で男の子が遊んでいた

もう大仏はないのに、「大仏前」。石碑でも、看板でもなく、交番の名前でここに大仏があったことがわかるってなんだかいいな、とちょっとうれしくなってしまった。そこで、大仏の名残を追って、正面通を歩いてみることにしたのである。

疑問に思ったあのときから数年。初めて歩く正面通は、最初はその名にふさわしい大きな通りだけれど、あっという間にその道は細くなる。正面湯という名の昔ながらの銭湯やタバコ屋さん、パン屋さんなど、下町の雰囲気とでも言えばよいのだろうか、懐かしい昭和の香りのする商店街の風情になんだかほっとする。

仏

鴨川に斜めにかけられた正面橋を渡ると、橋の袂《たもと》に鎖で固定された立派な釣鐘が。豊臣家滅亡のきっかけとなった方広寺の「国家安康」の釣鐘と関係があるんでしょうかね、などと話しながら歩みを進めると、右手にフランク・ロイド・ライト風の素敵な洋館が見えてきた。重厚な扉、その隣に掲げられているる青銅のプレートも、博士論文を執筆していたころによく見ていた史料に出てくるような、クラシックなデザインである。暮れなずんできた薄闇の中で浮かび上がってきたプレートの文字は、「かるた・トランプ　山内任天堂」。

そう、京都が世界に誇る大企業、任天堂の旧社屋だったのだ。「かるた」「山内任天堂」の文字は右から左に書かれているのに、外国語である「トランプ」の文字は左から右へ書かれているのが心憎い。思わぬ発見に友人とひとしきり盛り上がってしまったのだった。

任天堂は、初代の山内房治郎によって明治22（1889）年に花札の製造会社として設立された。日本で初めてトランプの生産を始めたことで知られ、今では誰もが当たり前のように手にするプラスチック製のトランプの開発に成功し、会社は大きく発展を遂げた。
今はゲーム機などで名を馳せる世界の任天堂の原点が、京都のひっそりとした通りに人知れず残っている。上鳥羽に大きな本社を構える今でも、旧社屋が壊されずあるのは、「初心忘るべからず」の教えなのかもしれない、と思いながら、いつの間にか夕闇に包まれていた正面通を後にした。

ちょーっとー寄ーりー道

西の端、千本通から東に向かえば、浄土真宗本願寺派の本山、「西本願寺」に行き当たる。桃山文化を伝える建造物や文化財の多くが国宝。総門を抜けると仏具店が軒を連ね、ドーム型の屋根を頂く「伝道院」が見える。西本願寺の付属施設で1912年竣工、建築史家でもある伊東忠太の設計による。さらに進めば真宗大谷派の「東本願寺」。御影堂門を抜けて通りに戻れば1641年、徳川家光が東本願寺に寄進した「渉成園《しょうせいえん》」へ。池泉式の回遊庭園は一般公開されている。

橋

三条通（さんじょうどおり）

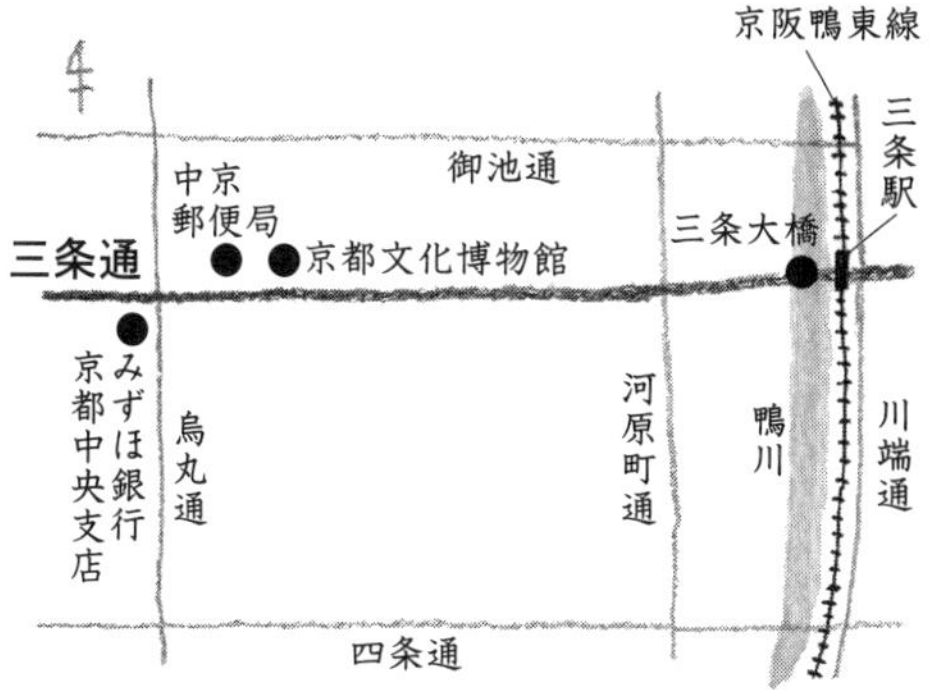

暑い京都の夏が、名残を惜しまずに、いつの間にかすーっと逃げて行ってしまったような気がする。あれ？　と思ったときには、もう街には少し冷たさの混じる風が吹いていた。京都産業大学のある神山の山麓でも、ちらほらと木々が色づき始めている。まさに今が、秋の入り口の時期なのかもしれない。

こうなってくると、どうしても外を歩きたくなるのが私の性分。バスに乗れるルートがあっても、「気持ちいいから、ちょっと歩かへん？」となってしまうのである。

先日、三条通を歩きながら気付いたことがある。烏丸通から河原町通までの間を歩くことがよくあるのだけれど、数ある東西の通りの中で、三条通を歩いていることが多いのである。なぜだろうかと自問自答。その答えはおそらく、「近代建築を見たいから」なのだと思う。

烏丸三条の交差点には、旧西村貿易店社屋である文椿《ふみつばき》ビルヂングや、旧第一銀行京都支店であるみずほ銀行の京都中央支店。東へ進めば、中京郵便局や京都文化博物館などの煉瓦造りの建物が並ぶ。アーチ窓のレトロな時計屋さんや、旧字体で看板を出す歯医者さんなど、明治から大正時代にかけて建てられた建物がたくさんあり、当時の人々の息遣いや喧騒が感じられるようで、近代を研究している私は、歩いているだけでうきうきしてしまうのである。

今でこそ、一方通行の場所も多いそんなに広くはない通りだけれど、明治時代は銀行の社屋や商店などの建ち並ぶ、京都のメインストリートだった三条通。これは、鴨川にかかる三条大橋が東海道五十三次の終点で、古

近代建築が並ぶ三条通。手前は中京郵便局

くからこの通りが栄えていたことによるのだろう。そんなことに思いを馳せながら三条通を歩いていたら、京都産業大学で、日本文化研究所の特別客員研究員の成果発表会を聴講したときのことをふと思い出した。

ある研究員の人のテーマが三条通の歴史だったのである。その彼は、実は京阪電鉄の社員さん。研究のきっかけは、お客様から「昔の三条のあたりはもっとにぎやかやったのになぁ」という声を聴いたことにあったのだそうだ。平安時代から三条大路として繁栄した通りなのに、今の京阪の三条駅のあたりには、あまり人がとどまらない。三条の駅をもっと人が集まる場所にするために、自分に何ができるかと思ったのだと言う。

東海道五十三次の始点である東京の日本橋は、再開発が進み、古き良き江戸情緒や近代の雰囲気を残しつつ、新しい街のにぎわいが生まれている。その街道の終点である京都の三条でも、同じようなにぎわいを取り戻したい。きちんと三条通の歴史を勉強して、ゆくゆくは、日本橋と三条大橋で「姉妹駅」「姉妹橋」提携を結び、三条通の歴史に新たな一ページができたらいいと思っています、と楽しそうに語ってくれた。

　文系の学問は、理系の学問のように、研究結果をわかりやすく社会に還元できるものではない。私は、彼らの発表を聞くまで、そのことを歯がゆく思っていたところがある。でも、その発表会では、テレビ局のディレクターさんが、観光スポットがない通りにどのような魅力を見出だすか、という研究をしていたり、ある宿泊施設の支配人さんがその施設の歴史をひもといてみたりと、自分たちの仕事に引き付けて、「人の役に立つ」「社会に還元できる」研究をみなさんが熱心にされていた。文系の学問も捨てたもので

はない。彼らの研究は、私に少し研究者としての自信を取り戻させてくれた。日本橋と三条の姉妹駅提携が実現する日は来るだろうか。彼の夢が叶《かな》うことを、また三条通を歩きながら願うことにしよう。

ちょーっとー寄ーりー道

御池通と四条通の間を走る道は、「姉《あね》三《さん》六《ろっ》角《かく》蛸《たこ》錦《にしき》」と覚え歌に歌われる。御池通から二筋目の三条通は、近代建築に老舗から流行りの新しい店までが混在し、観光客もそぞろ歩く。御幸町通の角、今は商業施設の旧大阪毎日新聞社京都支局は1928年竣工、武田五一設計のアール・デコ風近代建築。社章を象った星形の窓で知られる。通りを西にずっと進めば、西大路通で路面電車（京福電鉄嵐山本線）の線路と合流し、端は嵐山地区の渡月橋だ。

彩

堀川通（ほりかわどおり）

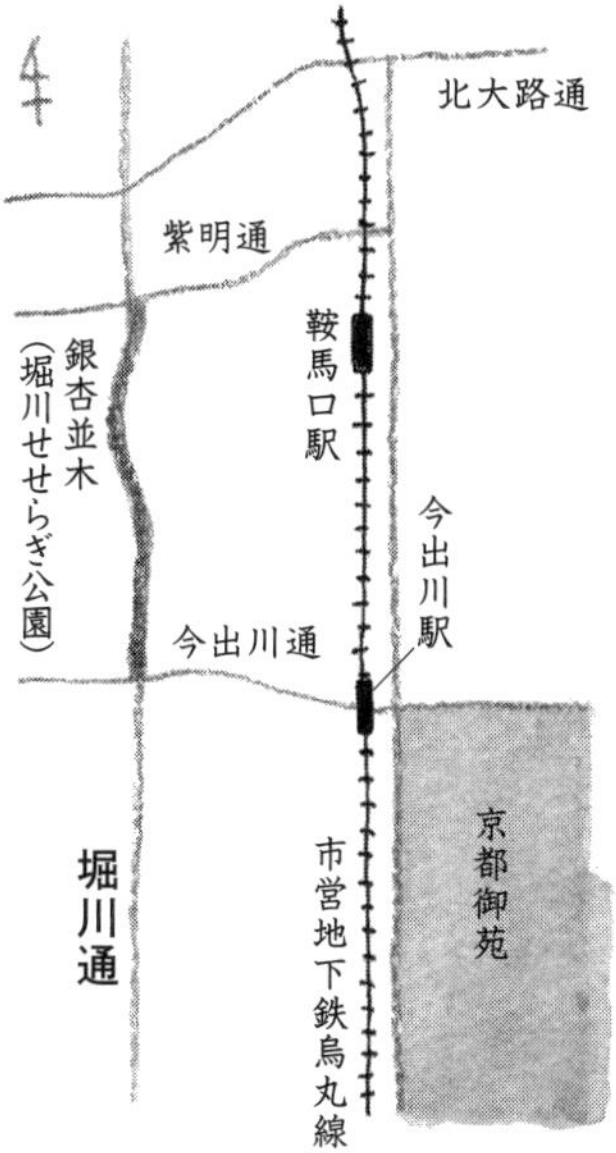

青空に照り映える銀杏《いちょう》の葉に、心躍る時季がやってきた。高く澄み渡った真っ青な空と、黄金色の銀杏の葉のコントラストは、本当に清々しい秋の贈り物だと思う。

山の楓《かえで》や紅葉《もみじ》が赤く色付いていくさまは、秋の深まりをしっとりと感じさせてくれる。街の銀杏が黄色く色付いていくさまは、秋の訪れを高らかに教えてくれる。楓の紅葉《こうよう》も、銀杏の黄葉《こうよう》も、どちらも古都には欠かせない秋の色。どちらの秋の風情にも個性があり、好きなのだけれど、私は青空と銀杏を見ていると、なんだか元気をもらえる気がするのである。

京都の銀杏の名所といえば、やはり堀川通ではないだろうか。堀川今出川の交差点から紫明通の間の中央分離帯には、銀杏の木が植えられており、美しい一編の秋景色を見せてくれる。車窓から眺める鮮やかな黄色に、目を奪われるドライバーも少なくないはずである。

黄色く色付き、落ち葉が地面を覆った堀川通の銀杏並木

堀川通の名前の由来は、平安京の造営にあたって、この辺りを流れていた川を整備して、運河にしたことによる。今では、今出川通から御池通の間しかその名残を偲《しの》ぶことはできないけれど、往時は西陣での友禅の染色に使われ、川が赤や青色に染まったこともあったそうだ。銀杏が植えられる前から、堀川はさまざまな色に彩られる通りなのかもしれない。

抜けるような青空と、その空に向かって伸びる銀杏の大樹の青と黄色が美しかったある週末。「今日は散歩の日！」と決め、銀杏並木を眺めながら、のんびり堀川通を南に下がっていた。すると、一緒に歩いていた京都府警さんが言ったのだ。「あの中央分離帯のところ、遊歩道になっていて歩けるんですよ」と。知らなかった。それはぜひ歩いてみたい。横断歩道を渡り、初めて銀杏並木の真下に足を踏み入れたのだった。

私たち以外には誰もいない。せせらぎの音を背に、さくさくと散り落ちた銀杏の葉を踏みしめながら歩く。人に踏み荒らされていないそれは、さながら銀杏の絨毯《じゅうたん》のようだ。上を向いても、下を向いても黄金色の世界。だんだんと両側を走る車の喧騒が気にならなくなってくる。まるで、絵本の「きいろのくに」に迷い

込んだ、とでも言えばよいだろうか。ここだけぽっかりと周りの世界から取り残されているような空間の中で、しばしときがたつのを忘れた。

そんなおとぎ話の世界を満喫していた私は、府警さんのひとことで急に現実世界に引き戻されることになる。「あ、ここ行き止まりですね」

なんということだろう。銀杏並木をそのまままずっと南に向かって歩けると思っていたのに、遊歩道と遊歩道の間を車が通れるようになっており、柵で周囲が囲われていて、出入りできないようになっていたのである。行きはあんなにうきうきと歩いてきた黄色の道だったのに、帰りは文句を言いながら同じ道を逆戻り。天国から地獄、とまでは言わないけれど、理想と現実の違いを見せつけられることになったのだった。

でも、元来た場所に戻って気付いたのだ。遊歩道の入り口に掲げられていた看板に堀川せせらぎ公園と書いてあったことを。最初からここは、「歩道」ではなく、「公園」だったのだ。それであれば、周囲が取り囲まれて、通り抜けができないことにも納得がいく。ぶつぶつ言っていた1分前の自分を思い出し、心の中で「ゴメンナサイ」を言ったのだった。
たとえ「銀杏の通り抜け」ができなくとも、この「きいろのくに」は、一度は体験すべき京都の秋景色のひとつだと思う。この週末は、久しぶりに堀川通の真ん中、きいろのくにへ旅に出ることにしよう。

ちょっと寄り道

上京区の北部、寺之内通を東に折れると「人形の寺」として知られる宝鏡寺がある。孝明天皇遺愛の人形など多数を所蔵し、春秋に一般公開。堀川今出川を少し下ると、陰陽師、安倍晴明を祀る晴明神社がある。一条戻橋のたもとにあった屋敷跡に晴明の没後間もなく創建。境内のあちこちに、晴明のシンボルとされる五芒星が見られる。参道にあたる堀川商店街は昭和初期からにぎわい、戦後、全国初の公営店舗付住宅として再建された。

市

錦小路通（にしきこうじどおり）

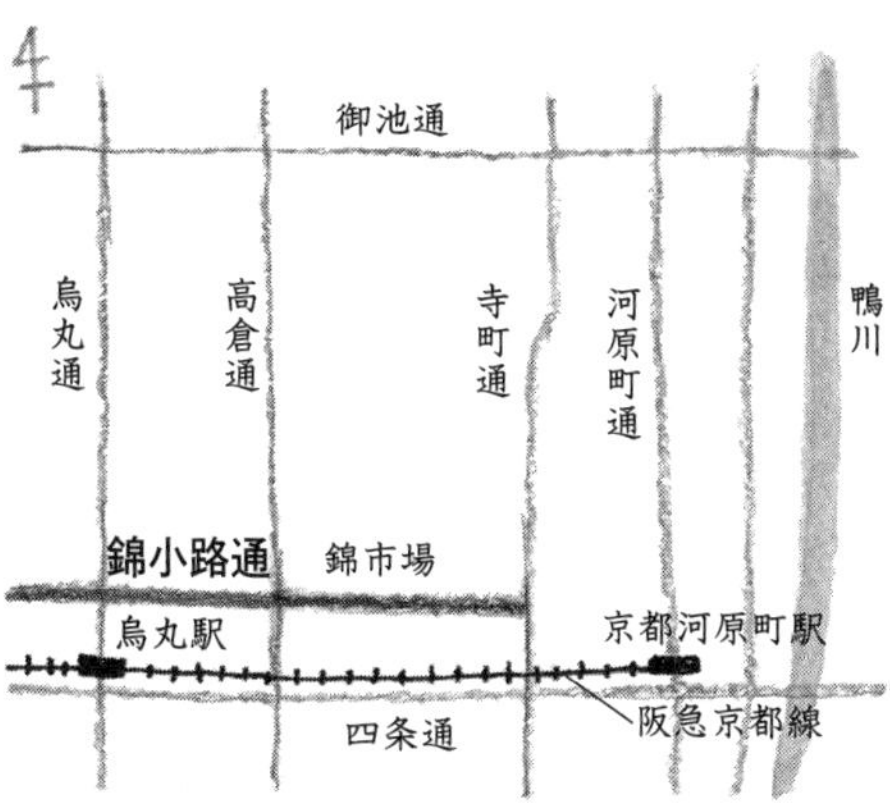

いまひとつ秋を感じられないまま、いつの間にか冬がすぐそこにやってきていたような気がする。気付いたときには、お山の木々は赤や黄色の葉を落とし、街には冷たい北風が吹いていた。

凍てつく寒さの京の冬。でも、そのつらく厳しい響きとは裏腹に、冬を迎える師走の京都は、生き生きと輝きを増すような気がするのである。

京都の街が輝く理由。それはやはり、お正月の準備が始まるからではないだろうか。

12月13日の事始めを境に、煌《きら》めくクリスマスのイルミネーションを片眼《かため》で眺めつつ、京の人々は新しい年へ気持ちを向ける。

事始めは、年神さまをお迎えする棚を設け、神棚の清掃、すす払い、門松やお雑煮を炊くための薪《まき》などを山に取りに行くなど、年迎えの支度を始める日。舞妓《まいこ》さんや芸妓さんたちにとっては、普段お世話になっているお茶屋さんやお師匠さんのところをまわり、一年の感謝と翌年の挨拶《あいさつ》をする日でもある。この華やかな映像がテレビのニュースで流れると、ああ、もう年の瀬だな……と思い、気持ちがきゅっと引き締まるのである。

中でも、師走の京の街で一番のにぎわいを見せるのは、やはり錦小路通ではないだろうか。そのわけは、言わずと知れた錦市場。創設400年の歴史を誇る、「京の台所」があるからである。

多くの人でにぎわう師走の錦市場

錦市場は、寺町通から高倉通の間にある、120以上の店が軒を連ねる一大商店街。色鮮やかなアーケードに覆われ、雨の日も風の日も、地元の人たちはもちろん、毎日多くの観光客や修学旅行生が訪れる場所となっている。

市場の始まりは、なんと平安時代にさかのぼる。新鮮な魚を御所に納めるにあたり、魚を冷やすための冷たい井戸水が豊富に出る錦のあたりに、魚問屋が集まってきたことによるのだそうだ。江戸時代に入り、幕府から魚問屋の称号を許され、2015年でちょうど400年。今も昔も、錦は「京の台所」なのである。

普段から活気のある錦市場だけれど、年の瀬の雰囲気は特別である。「歳《とし》の市」の幕がかかった商店街は、とにかく人、人、人。「ええもん置いてあるけど、ちょっと高いし、錦で買い物なんて普段はしいひんわ」というお母さまたちも、お正月の食材だけは錦市場で買うと言う方たちが多い。これが「京の台所」の力量なのだろう。

伝統的な京料理のひとつ、「芋棒《いもぼう》」に欠かせない棒鱈《ぼうだら》や海老芋《えび》が店先に並ぶ。おせち料理に使われる黒豆やくわいに金時にんじん、数の子、かまぼこに祝い鯛《だい》、お雑煮用の白味噌やお餅、お鏡さんの上に乗せる葉つきの橙《だいだい》などが、所狭しとひしめき合っており、歩いているだけですっかり気分はお正月である。

威勢の良い声をかけてくれるお店の人たちの表情も、心なしかいつもより晴れやかで、誇らしげに見える。買いにきたお客さんには、おいしい食べ方や保存方法、ひとつひとつのおせち料理に込められた意味などを、丁寧に説明してくれる。テレビや本の情報ではなく、こうしてお店の人に直接教えてもらったことは、きっと心に残るはずだ。お店の人も、お客さんも、ひとりひとりが対話の中からお正月を感じる。スーパーや百貨店でただ食材を買うだけでは感じられない、ぬく

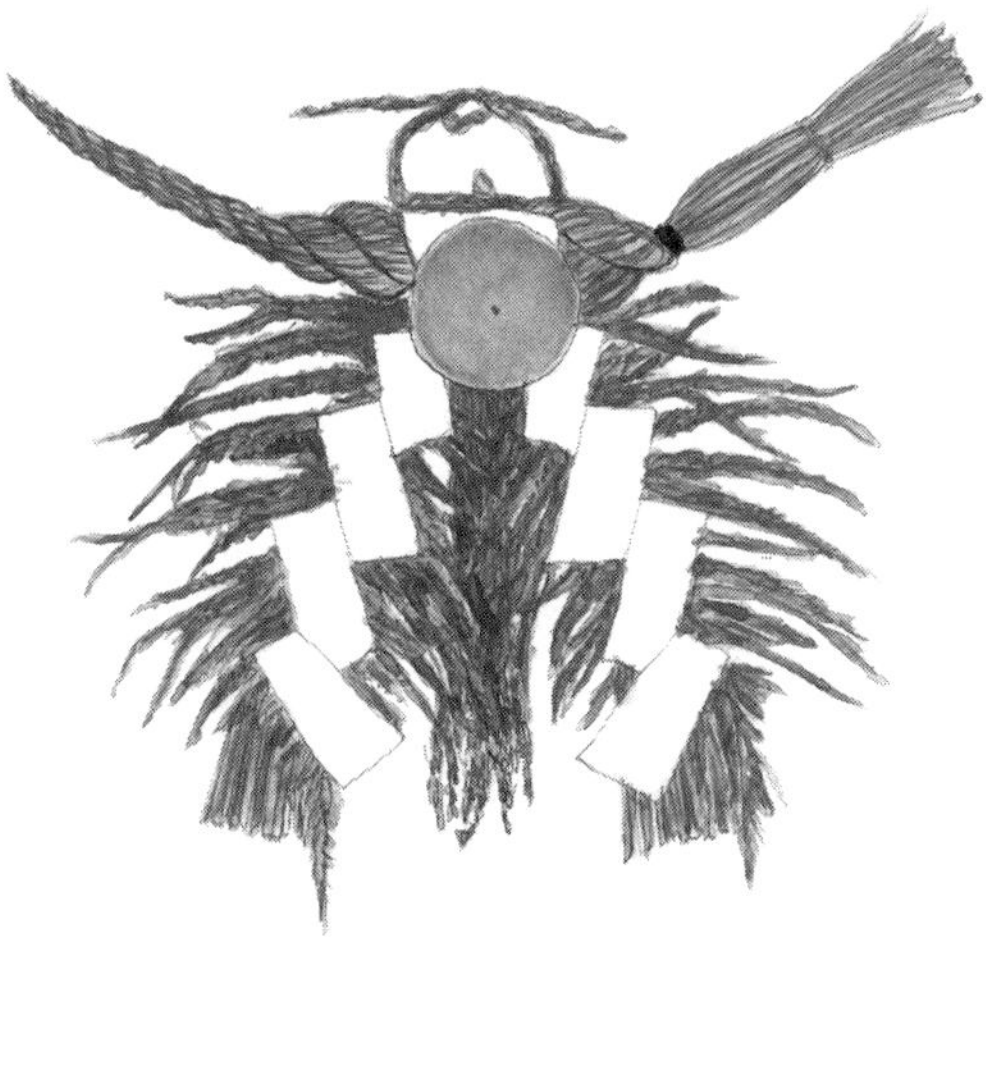

もりのあるお正月を錦市場で知る。だからこそ、お正月は京の人々の生活の中にあり、毎年暮れになると、みな錦市場に足を運ぶのだろう。京の年迎えは、寒さの中にほんのりとしたあたたかさを感じるものなのだ。

今年もまた、歳の市の喧騒が、錦市場の外まで聞こえてくる時期がやってくる。

ちょっと寄り道

錦市場は高倉通と寺町通間の390メートルを占め、最短約3メートルと幅の狭い石畳に店がひしめく。京野菜や漬け物、湯葉、卵焼きなど京都らしい食の専門店が並び、中でも琵琶湖産の魚や名物の鱧《はも》、ぐじ（甘鯛）といった鮮魚を扱う店が多い。暮れの人出のピークは30日の午後で、店はこの時期、とりわけ「ほんまもん」を用意しなければ、翌年の商売は苦戦すると言い伝えられる。東端の錦天満宮は境内の名水でも知られる。平安時代に創建、1587年にこの地に移った。

道はときに、不思議なおとぎ話をも生み出す。

街

千本通（せんぼんどおり）

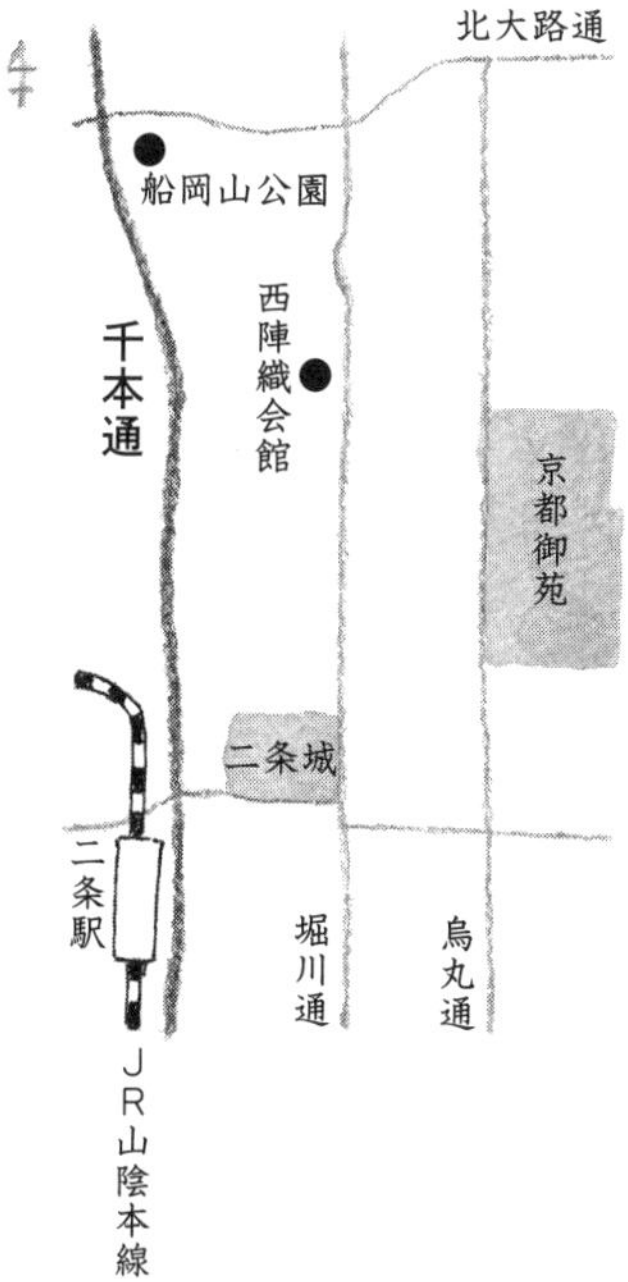

千本通といえば、もともと平安京の真ん中を貫く朱雀《すざく》大路だった通り。右京がだんだんと衰退していったことにより、都の中心が移動し、西のはずれの通りとなっていく。衰退していくということは、そこがあの世とこの世の境界線になるということ。千本通の名前は、葬送の地であった船岡山の北西にある蓮《れん》台野《だいの》への道に、千本の卒塔婆を立てて供養したことに由来するのだという。

そんな少し物悲しい響きもある千本通。西陣の最盛期には、映画館や芝居小屋が建ち並ぶ繁華街として栄えた通りでもあるけれど、今はひっそりとたたずんでいる風情。そんな千本通であることが起こったのである。

ある年の1月。北風の吹きすさぶ寒い夜のこと。

友人との食事会が終わり、私は千本通に面した二条駅前のバス停で、帰りのバスを待っていた。すると、突然一台の軽自動車が目の前に止まった。はて？と思っていると、中から出てきたのは、見るからに高齢のおじいちゃま。そし

ひっそりと、懐かしい雰囲気が残る千本通。
ガラスに映る世界も現実とつながっているようだ

て、完全に道に迷っている様子だった。

京都の二条駅の前だと言っても、なかなかわかってもらえない。娘さんに迎えに来てもらうから、場所を説明してほしいと携帯電話を差し出されるので、側衛さんがその電話を代わることになった。

電話を受け取り、娘さんと話し始めた側衛さんの目が突然大きくなった。なんと、今私たちの目の前にいる人は、私が想像していたよりずっと高齢で、今朝家を出たきり連絡がつかなかったというのだ。

それは、一大事である。私の側にいた京都府警さんが、きりりと仕事モードの顔になり、110番通報をした。「京都府警警衛警護課の〇〇です。二条駅前で警衛実施中に、××在住□□さんを保護しました……」と、必要な情報を110番センターの担当者によどみなく伝えていく。

普段は、飼い犬のサクラちゃんを娘のように溺愛している、完全なる親バカの印象が強い府警さん。同僚にちょっとしたいたずらをしかけては、その話をいつも私に楽しそうに教えてくれる。そんな彼の「お巡りさん」の顔。その姿は本当にかっこよかった。

応援の京都府警の人が来てくれるまで、おじいちゃまとおしゃべりをした。あり

がとう、ありがとうを繰り返しながら、私たちにいろいろな話をしてくれた。朝、自宅を出てきたこと、どこだかわからなくなってパニックになってしまったこと……車にもだいぶ傷がついてしまっていて、それが彼の不安をそのまま伝えているようにも感じられた。とにかく無事でよかった、とみなで胸をなでおろしたけれど、日本の高齢化社会の現実を突きつけられたような気もした。

ようやく応援の人たちが到着し、府警さんがてきぱきと必要事項を伝え、現場の人たちに引き継いだ。「おかげさまで助かりました！」と、到着した府警さんたちは感謝してくれた。おじいちゃまに別れを告げて、私たちはようやくバスに乗ることができた。冷たい風が吹くバス停は本当に寒かったし、乗る予定のバスも2、3本見送らねばならなかった。それでも、なんだかいいものを見せてもらったという思いで、気分はとても高揚していた。

自分のことを護《まも》ってくれる警察の人たちの顔は見慣れているけれど、街の人たちの平和を守る警察の人たちの顔を間近で見られたのは、本当に幸せなことだった。こんな人たちがいる日本はいい国だな、と改めて思った。

千本通を通ると、いつもあの寒い冬の日の出来事を思い出すのである。

ちょーっとー寄ーりー道

五条から七条にかけて広がる花街の「島原」は、元禄期に最も栄えた。現在、唯一営業する置屋の「輪違屋」は創業1688年。幕末には西郷隆盛や新撰組が出入りし、近藤勇や桂小五郎の書が残る（内部は特別公開も）。同じく新撰組が宴を繰り広げた「角屋」は重要文化財に指定され、現在は「角屋もてなしの文化美術館」として公開。通りを下って行きあたる梅小路公園には、日本最大規模を誇る京都鉄道博物館がオープンし、人気を集めている。

鬼

白川通（しらかわどおり）

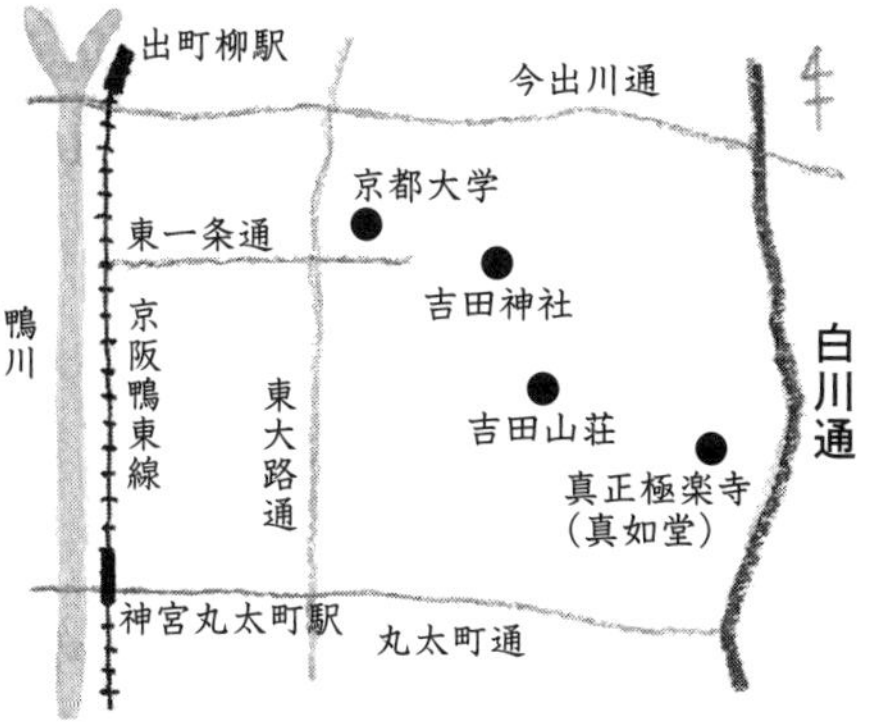

「節分」というのは、「季節を分ける」という意味。春夏秋冬、季節の始まりの日の前日を節分と言うけれど、江戸時代以降は、特に立春の前日を指すことが多くなっている。寒さも峠を越えて、これからは春に向かっていく。春の始まりは一年の始まり。旧暦のお正月にあたるこの季節を大切にしたことによるのだろう。

雨季と乾季しかない国や、夏が極端に長かったり、冬が極端に長かったりする国では、生まれなかったであろう言葉。季節を分かつ日。新しい季節を迎える準備をする日。一年の中に四季がある日本で育まれた言葉というのは、日本という国の風土によくなじみ、私たちにさりげなく季節の移ろいの美しさを感じさせてくれる。

厳寒の京都でも、立春を過ぎるとふと寒さが緩む。旧暦というのは、やはり日本人の生活に沿っているのだということを実感するのである。

鬼

京都の節分といえば、やはり吉田神社の節分祭だろうか。節分の前後3日間行われる大きなお祭りで、参道には約800店の露店が立ち並ぶ。節分の当日、午後11時くらいから行われる火炉祭《かろさい》では、古いお札やお守りが浄火でお焚《た》き上げされ、大きな火柱が上がる。吉田山の山頂付近に立ち上る煙を見ると、一年の厄が祓い清められるような思いがし、遠くからでもそっと手を合わせたくなるのである。

2月2日。節分の前日。ご近所に住む友人に声をかけてもらい、初めて吉田神社の追儺《ついな》式を見に行くことになった。追儺式というのは、通称「鬼やらい」ともいわれ、平安時代から宮中で行われてきた儀式のひとつ。黄金の四つ目の仮面をかぶった大舎人《おおとねり》が、松明《たいまつ》を持った童子を従えて登場し、赤・青・黄鬼を追い詰め、上卿《しょうけい》以下の殿上人が桃の弓に葦の矢を射かけて鬼たちを払うというもの。

その鬼たちが、参道を歩いて本宮に向かうのを見られると聞き、その時間に合わせて吉田神社に向かうことになった。白川通を渡り、真正極楽寺（真如

節分前夜の「追儺式」で追い払われる3匹の鬼
（吉田神社で＝懸尾公治撮影）

堂）や吉田山荘の横を通り、少しずつ坂を上がっていく。閑静な住宅街で、いつもは人通りも多くない静かな道なのに、その日はなんだか空気感が違う。たくさんの人が吉田神社に向かって歩いているということはもちろんなのだけれど、寒さの中でも凛《りん》と咲く梅の花にふと心が和むときのような、ふんわりとしたあたたかさが漂っている感じがしたのだ。これが春待ちという空気なのかもしれない。

境内地まで上がり、鬼を待っていると、暗い鳥居の向こうから金棒を持った3色の鬼が現れた。なかなかの迫力である。するとあろうことか、最初に出てきた赤鬼が私のほうに向かってきたのである。思わず「わー！」と叫んでとっさに側衛さんの背中に隠れ、その様子を見ていた友人たちは苦笑い。ほかの鬼たちは集まった子どもたちを驚かせている。なぜ子どもではなく、私だったのだろう。あの赤鬼は、私が脅かし甲斐《がい》がある人間だということを察知していたのだろうか。

「さすが鬼……」と思いながら、鬼の後ろをついて本宮へ向かった。

　世俗的な露店が並ぶ参道を、おとぎ話に出てくる鬼たちが進む。夢か現《うつつ》か、境目がわからなくなる光景。その不思議な雰囲気にのまれていたら、いつの間にか

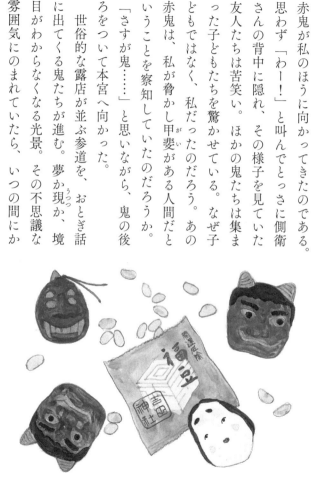

自分たちも人の波にのまれていた。本宮の前は黒山の人だかりで、とても前には進めない。実際の追儺式は、何が起こっていたのか全く見えなかった。でも、それくらいでよかったのかもしれない。見えたら、それがただの現実になってしまうから。私はあの日、おとぎ話の世界に足を踏み入れられたのだから。

ちょっと寄り道

通りの東、並行して走る東山山麓に著名な社寺が点在する。「詩仙堂」は江戸時代初期の文人、石川丈山の山荘で、現在は曹洞宗の寺院。山の斜面が生かされた庭園は、春はサツキ、秋は紅葉と四季折々に美しく、日本初のししおどしでも知られる。通りは最後、南禅寺に下る。日本の禅寺の最高位で、石川五右衛門の「絶景かな、絶景かな」（歌舞伎「楼門五三桐《さんもんごさんのきり》」）は、楼門から桜を眺めて放った名台詞。周辺には南禅寺発祥とされる湯豆腐の店がある。

警

下鴨本通(しもがもほんどおり)

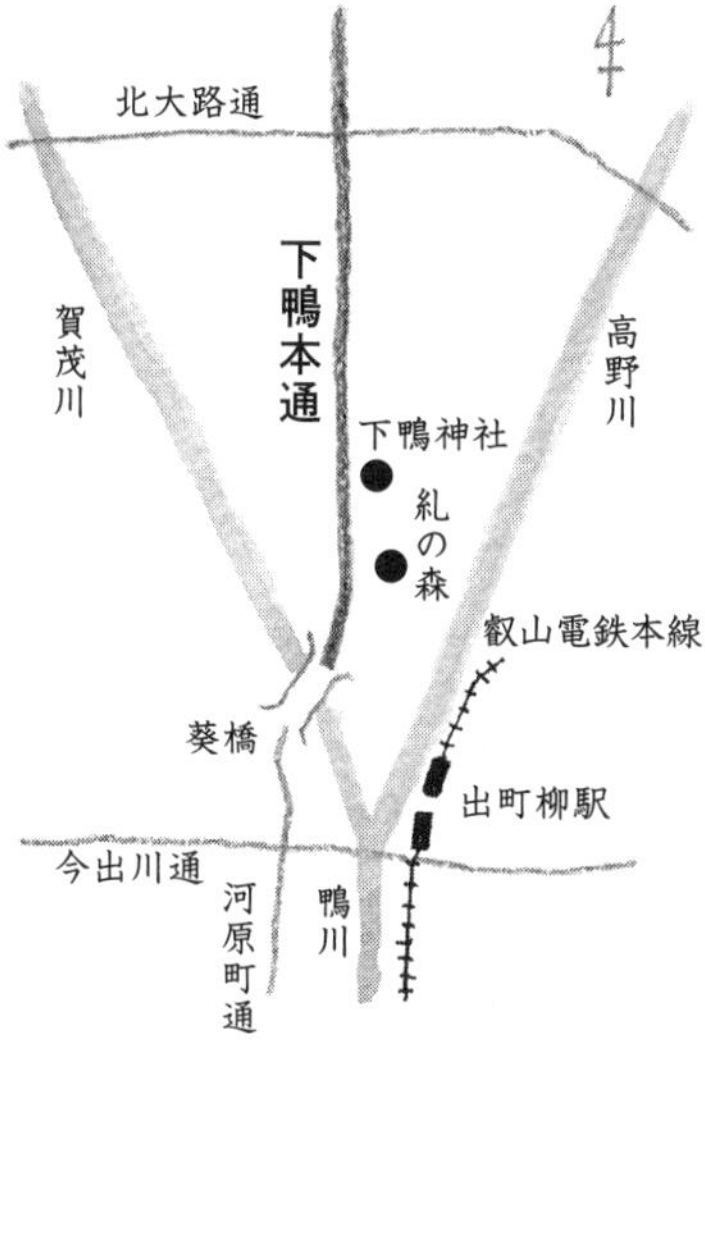

警察の人というのは、私が生まれたときからずっと側にいた。

一緒にご飯を食べたり、悩み事を聞いてもらったり、勉強を教えてもらったりしていたこともある。楽しいときには一緒に笑い、苦しいときには一緒に苦しんでもくれる。私のことを真剣に心配して、怒ってくれる人もいる。普段は友人のように、家族のように接していても、いざというときには本当に身を挺《てい》して私のことを護ってくれる。実際の家族よりも長い時間を一緒に過ごしている彼らは、私にとってはある意味家族以上の存在であり、彼らがいてくれるというのは本当に幸せなことだと日々思うのである。

京都で暮らすようになって長い時間がたち、たくさんのことを学んだ。中でも大きかったのは、その警察の人たちの知らなかった仕事を知ることができたことだと思う。

京都というのは、皇族様方や要人の警衛警護の件数が多い場所である。重なることも多いので、仲良しの府警さんが街中の別の現場で仕事をしている姿を見かけることもよくある。そればかりか、京都では行幸啓《ぎょうこうけい》がない年はない。行幸啓があるたびに、府警本部では警備対策室が立ち上がり、数カ月みなが寝る間を惜しんでお迎えする準備をするのである。

東京にいたときは、両陛下や皇太子同妃両殿下がお出ましになるときに、警察の人たちがどんな準備をしているのか、知る術《すべ》がなかった。でも、京都に来て、府警さんたちと仲良くなるにつれ、それをぽつりぽつりと知るようになった。

真夏の炎天下で、お通りになられる道筋を4時間かけて歩いて実査したとか、ひとつのことを決めるのに、どれだけの段階を踏まないといけないのか、とか。これだけ大変なのに、みな決して愚痴など言わない。自分の仕事に誇りを持って、必死に準備をしているのがひしひしと伝わってくる。そんな彼らに「頑張ってね」というありきたりの言葉しかかけられない自分をいつも歯がゆく思うのである。

２０１５年の秋、皇太子殿下（当時）が京都に行啓になった。御日程２日目の朝、私は交通規制が始まる前に、と早めに家を出た。下鴨本通をバスで南に下がっていく。下鴨神社の鎮守の杜の静謐《せいひつ》な気配だけではない。通りなれた下鴨本通が普段とは違うぴんとした空気を漂わせている。イヤホンをした私服の府警さんたちが、数メートルおきに立っているのだ。殿下が前をお通りになるたった数秒のために命を懸けているという緊張感。あの府警さんたちの数カ月の苦労が今日報われるのだと思ったら、本当に良かったという思いがこみあげてきて、なんだ

賀茂川沿いのベンチに座り、景色を見つめる筆者。奥は葵橋

か泣きそうになってしまったのだった。

彼らの仕事を知れば知るほど、自分が皇族であることの意味というのを考えるようになった。私がたった数日行動するために、各都道府県で数十人の警察関係者が動いてくれている。訪問先の関係者と打ち合わせをし、動線を確認し、皇宮警察と所轄の警察署の人と連携して、何日もかけて、私がその日程を何事もなく終えられるように準備をしてくれているというのを、東京を離れるまでの二十数年の間、私は頭では認識していても、それが一体どういう意味があることなのか、理解ができていなかったような気がする。

私のために命を懸けてくれる人が全国にいる。その人たちに「ああ、この人を護れてよかった」と思ってもらえる存在であるために、自分はどうあるべきなのか。それがようやく心の中に落ちてきた。私が京都に来たのは、このことを知るためだったのかもしれない。下鴨本通の府警さんたちは、その気持ちをもう一度私に思い出させてくれた。

ちょっと寄り道

河原町通から葵橋を渡って北上すれば、下鴨神社の境内、「糺《ただす》の森」に。約12万平方メートルの原生林だが、応仁の乱の戦火で当時の面積の7割を焼失した。広大な森では流鏑馬《やぶさめ》などの神事はもちろん、コンサートなども行われる。下鴨神社は、正式には「賀茂御祖《かもみおや》神社」と呼ぶ。本殿は国宝で、建造物の多くが重要文化財に指定される。京都の三大祭りのひとつ、「葵祭」は上賀茂神社と下鴨神社の例祭。御所から下鴨神社、そして上賀茂神社へと巡る平安装束の行列で知られる。

蛸

蛸薬師通（たこやくしどおり）

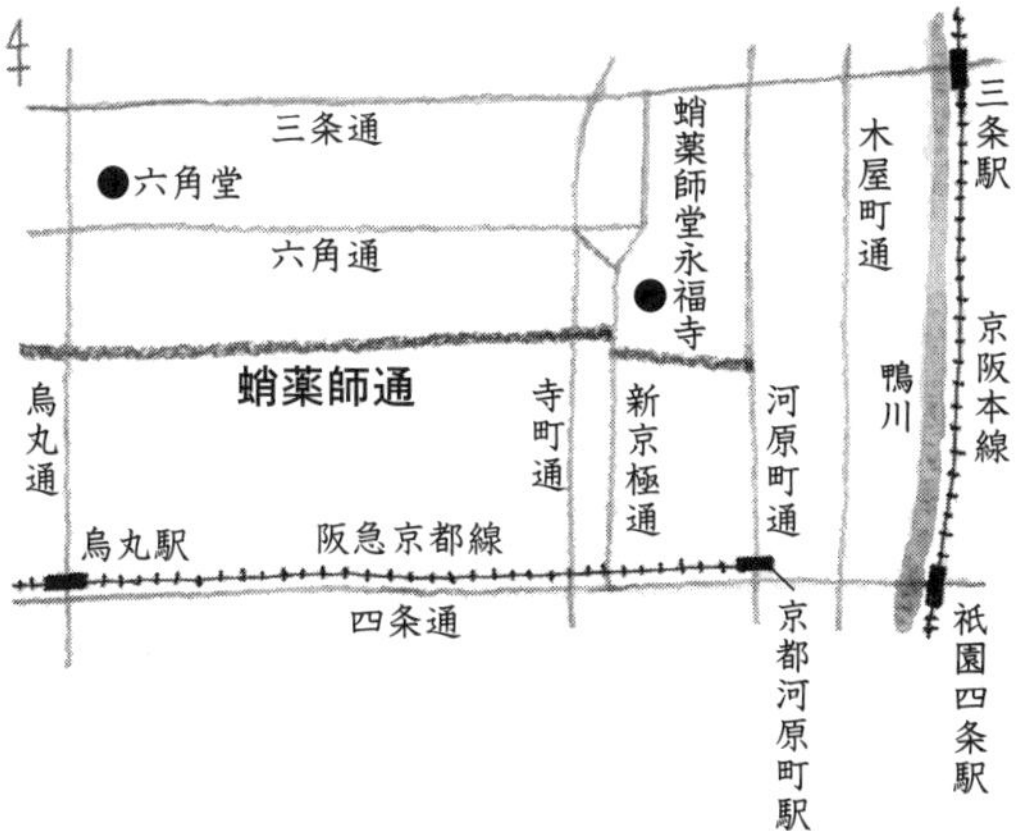

蛸薬師通が好きだ。理由はいたって単純。場所を説明するときに、「河原町の蛸下がったとこ」とか、「烏丸の蛸西に入ったとこ」などと言う。この「蛸下がる」「蛸入る」という表現が、なぜか心をくすぐるのだ。人が言っているのを聞いても、思わずにんまりしてしまう。説明はうまくできないけれど、なんだかその響きが昔から好きなのである。

とは言え、そんな他愛もない理由で書くわけにもいかないと、連載中は取り上げなかった蛸薬師通。でも、本にまとめるにあたって、書き下ろしの文章を書くことになり、打ち合わせのときに「これ書きたかったなぁという通りはありませんか？」と編集さんに聞かれた。そこで何の気なしにしたのだ、蛸薬師の話を。すると返ってきたのは、「いいじゃないですか！　タイトルはもちろん『書きたかった蛸薬師』で！」という言葉。

そんな少し「イレギュラー」な理由で、蛸薬師通が「ものがたりの道」に仲

とあるビルの一角から蛸薬師通を望む

間入りをすることになったのである。

蛸薬師通は、平安京の四条坊門小路にあたる。豊臣秀吉の都市改造により、16世紀に永福寺の蛸薬師堂がこの地に移転してきたことによって、名付けられた通りである。

蛸薬師と呼ばれる所以は二説ある。ひとつは、昔、このお寺が二条室町にあったころ、付近に大きな池があり、その中の島にお薬師様が安置されていて、「沢《たく》薬師」と言われていたのがなまって「たこ」になったという説。もうひとつは、鎌倉時代、このお寺に住んでいた善光という僧が、病気の母が「大好きな蛸を食べたら病気が治るかもしれない」というのを聞き、仏門の身で生臭ものを買うのはご法度だけれど、悩んだ末に母のためにと買って帰った。しかし、その手荷物を怪しんだ人々に門前で中身を見せろと迫られてしまう。善光は、ご本尊の薬師如来に「これは病気の母のために買ったものです。この難をお救いください」と祈ったところ、中身が八巻の経典に変わり、その霊験あらたかな光を浴びた母の病気はすっかり癒えたという。以来、薬師如来は蛸薬師さんと言われるようになった、という説である。

薬師如来は、古来、病気平癒など人々を救ってくださる仏様として親しまれているけれど、蛸薬師さんは、若者たちが多く訪れる新京極通に面している。本当に人々の生活の中にいてくださる仏様であり、親近感を持たれる方も多いことだろう。

そんな蛸薬師通には、おしゃれなカフェや喫茶店が多い。お休みの日には、蛸薬師さんのほうからぷらぷらお散歩をしながら、カフェでちょっとひとやすみ。老舗の珈琲店もあれば、犬と一緒にお茶ができるドッグカフェ、和菓子屋さんがやっているカフェもある。今日はどこに行こうかなぁと悩みながら「蛸を西に」行くのがとても好きだ。新しいお店に入ってみることもあれば、悩んだ末に結局いつもの店に落ち着いてしまうこともある。おいしい珈琲とちょっと甘いものをいただきながら、あれやこれやとおしゃべりをしていると、いつの間にか時間がたっている。そして、お尻に生えてしまった根を、「ぼちぼち帰らなねぇ」と言いながら、どうにかこうにか断ち切って家路につく。そんなゆるゆるとしたお休みの日が、私にとっては何よりの幸せである。

　蛸薬師通沿いだけでなく、「蛸上がった」ところにも「蛸

蛸

下がった」ところにも、素敵なお店がたくさんある。今度のお休みは、蛸を上がろうか、それとも下がろうか。

ちょっと寄り道

河原町通から東にはかつて土佐藩邸があり、ゆかりの史跡も点在する。河原町通を下れば、坂本龍馬らが暗殺された「近江屋事件」の舞台、近江屋の跡地に。河原町通を渡って木屋町通に向かえば、岬神社（土佐稲荷）がある。江戸時代は土佐藩邸内にあり、境内には龍馬像が立つ。西に戻り、烏丸通の角には赤煉瓦の近代建築。旧山口銀行京都支店は、東京駅の設計で知られる辰野金吾の手による。さらに西、堀川通の手前に「本能寺の変」の舞台、本能寺跡がある。

英

マートン・ストリート

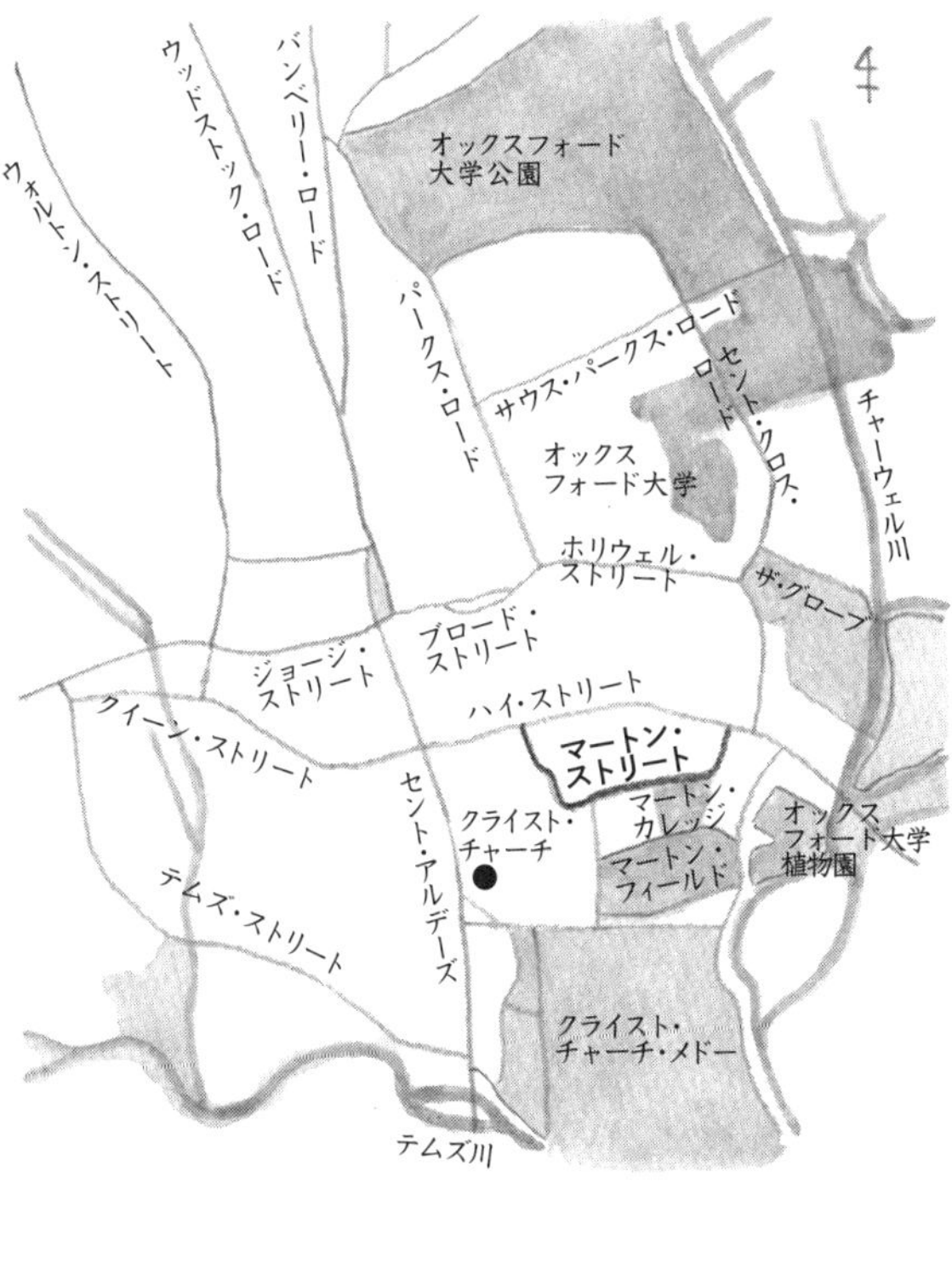

オックスフォード
大学公園
バンベリー・ロード
ウッドストック・ロード
ウォルトン・ストリート
パークス・ロード
サウス・パークス・ロード
セント・クロス・ロード
チャーウェル川
オックスフォード大学
ホリウェル・ストリート
ザ・グローブ
ブロード・ストリート
ジョージ・ストリート
ハイ・ストリート
クイーン・ストリート
マートン・ストリート
セント・アルデーズ
クライスト・チャーチ
マートン・カレッジ
マートン・フィールド
オックスフォード大学植物園
テムズ・ストリート
クライスト・チャーチ・メドー
テムズ川

京都に暮らすようになって感じることがある。それは、英国人と京都人は似ている、ということ。

私は東京に生まれ育ったけれど、東京の空気感が少し苦手だ。人が多い。車が多い。高層ビルが多い。なんだか圧迫感があって、昔からどうにもテンポが合わないのである。

19歳のときに英国に留学し、オックスフォードに居を構えた。

オックスフォードはコンパクトな街である。図書館も百貨店もスーパーも、映画館も駅も、すべて歩いて行ける距離にある。寮を一歩出て、図書館に向かうまでに必ず誰か知り合いに会う。立ち話に花が咲いてしまい、歩いて10分でたどり着くところに30分たってもたどり着けない、なんていうことは日常茶飯事。欲しいものは大抵なんでも手に入るけれど、おしゃれな洋服や日本食材は、やはりロンドンに出ないと難しい。そのこぢんまりとして、ゆったりした空気感。便利だけれど、本当に欲しいものがあったら少し努力しないといけないというオックスフォードの街の雰囲気が、私にはとても居心地が良かった。ようやく楽に息ができる場所に巡り会えたと思った。

そんなオックスフォードから、今度は京都へ居を移すこととなった。初めて京都に来た初等科生のころから、私はこの街に不思議な居心地の良さを感じていた。暮らすようになってしばらくして、あることに気付いた。あ、ここ、オックスフォードの空気感に似ているんだ、と。

京都もオックスフォードも大学街で、学生さんが多い。そして、なんといっても歴史が息づく街である。京都の人はいけずだ、なんて言われることもよくあるけれど、あれは人間関係を円滑にするための、一種の指針のようなものなのではないかと私は思う。初対面から腹を割って話し合うなんてことはしないけれど、一度心を開いたらものすごく良くしてくれる。適度な距離感を保ちつつ、本当に困ったときには助けてくれる。そんなところが英国人とそっくりである。居心地の良い理由はこれだったのか、と合点がいった。

似ているといえば、道もである。京都も英国も、通りにはすべて名前がついている。“221B Baker Street”と、番地と通りの名前を言えば、必ずその場所にたどり着く。京都は番地で場所を特定するのは難しいけれど、「烏丸の六角下がったところ」といえば、大体の場所のイメージは頭に浮かぶ。ロンドンのタクシーの運転手さんは、2万5000本以上の市内の通りの名前や、2万カ所に及ぶ主要な建造物をすべて覚え、試験に合格しないと営業することができない。京都のタクシーの運転手さんも、通りのどこかをきちんと伝えれば、迷われることはない。

ロンドンのタクシーも、京都のタクシーも、安心して乗っていられるという共通点がある。

思えば、オックスフォードにいるときから私は散歩が好きだった。論文書きに行き詰まったとき、手っ取り早い気分転換の方法は、散歩に行くことだった。公園や植物園、テムズ川沿いの草地へと、日によって歩く道を変え、てくてく歩いて、ベンチに座ってぼーっとする。そこで風に吹かれ、緑を眺めて頭を切り替え、よし、頑張るぞ、と寮に戻るのである。「趣味は?」と聞かれて、「散歩」と答えるようになったのは、このころからだったかもしれない。

マートン・カレッジの裏側から、マートン・フィールドを望む(写真提供:筆者)

私の思い出の学び舎、マートン・カレッジへ向かうマートン・ストリートの玉石が埋め込まれた歩きにくい道を久しぶりに歩きたくなった。

おわりに

思えば、いろいろな道を歩いてきたものだ。それでもまだ、私が通ったことのない道はたくさんあり、たくさんのものがたりが埋もれているはず。それが京都の街の奥行きの深さなのだろう。

この連載を始めてあった大きな変化はふたつ。ひとつは、街中を歩くときに由緒の書いてある看板や道の名前の由来が今まで以上に気になるようになったこと。もうひとつは、おじさま方から「毎日新聞の連載楽しみに読んでます」とお声をかけていただけるようになったことだ。

今まで雑誌の連載はしてきたけれど、新聞の連載は初めてのこと。雑誌は特定の読者層の方たちが読まれているが、新聞は日常の習慣として、不特定多数の方たちが読んでくださっている。いつものように新聞のページをめくったら、たまたま私の連載があり、興味をひかれて読んでくださった方がたくさんおられたようだ。
公務のときなどに、普段お目にかかる機会があまりないおじさま方から、「自分も京都出身なんですが、あんなこと考えながら街中歩いたことなかったですわ」とか、「先日のパン屋の記事おもしろかったです」などと声をかけていただき、そこから会話が弾んだことがたくさんあった。実際に読んでくださっている方からの生の声を聴くことができたのは本当にありがたかったし、次もまた喜んでいただけるように頑張ろうという大きな励みにもなった。スポーツ選手がスタンドや沿道からの声援が大きな力になったと言われるのをよく耳にするけれど、これはきっとそれと同じ力なのだろうと思う。

本書は、私が京都に暮らす中で、感じ、経験した京都の街の魅力を、ありのままに書き綴ったものである。私なりの解釈が入っている部分もあるので、同じようには感じられない方もあるかもしれない。でも、それも京都の街歩きの楽しさのひとつ。本書をかばんの中にぽいっと入れて、京都の街を散歩してくださる方が増えるといいなぁと思う。

本書の出版に至るまで、本当にたくさんの方たちのお力をいただいた。

まず、筆者のどこに着地するかわからない原稿をいつも笑顔で受け止め、やさしい挿絵を描いてくださった神戸智行氏、どんなことがあっても、辛抱強く、筆者の思いを届ける手助けをしてくださった村野和美氏、いつも明確なビジョンをもって、筆者を引っ張ってくださった高木史郎氏に、心からの感謝の気持ちをお伝えしたい。大切な仲間とともに、同じものを作り上げていくことのできたこの数年間は、とても幸せな時間であった。

また、連載中に筆者のわがままな要望をいつも受け止め、各所との調整に尽力してくださった毎日新聞学芸部の岸桂子氏、本書出版のきっかけを作ってくださり、連載期間中あたたかく見守ってくださった生活報道部の三輪晴美氏、卓越した管理能力で、テンポよく本書を形にしてくださった毎日新聞出版の峯晴子氏、筆者の夢と理想を具現化してくださったデザイナーの鈴木成一氏、有山達也氏、川原真由美氏にも重ねて御礼を申し上げる次第である。

この連載を通して、私はますます京都という街が好きになった。本書を手に取ってくださった読者の方たちにとっても、新たな京都の一面を発見されるきっかけになることを願いつつ、この時間旅行をひとまず終えることにしたい。

2016年8月　蟬しぐれが降りそそぐ夏の日に

彬子女王

新装版　おわりに

『京都　ものがたりの道』が2016年に出版されてから8年。私は変わらず京都に居を構えているけれど、この間京都の街には本当にいろいろなことがあったなぁと思い返している。中でも大きかったのは、2020年の春から始まったコロナ禍であっただろう。

国内外からの観光客であふれていた京都の街から人が消えた。予定されていた公務や行事はほとんどが中止か延期となり、やるせない思いになっていたころ、「今、伏見稲荷や清水寺、めっちゃすいてるらしいよ」という話を聞いた。言わずと知れた、外国人に人気の二大観光地。中でも伏見稲荷大社は、日本で最もコスモポリタンな場所ではないかと思うくらい、欧米、中国、韓国、東南アジア、インド、アフリカ……と、老若男女問わずさまざまな国の人でいっぱい。日本語が聞こえてくることのほうが稀なほど。人混みが苦手な私は、自分から足を向けることはない場所である。人がいないなら行ってみようか、と久しぶりに伏見稲荷大社に出かけた。

言われたとおり、境内の人影はまばら。いつもなら足の踏み場もないくらい混み合っている千本鳥居も閑散としていて、全く人が映っていない美しい千本鳥居の写真がたくさん撮れた。お稲荷さんのお使いである狐がぴょんぴょんとその辺を飛び跳ねていても不思議ではないくらい、静かで厳かな空気感に満ちている。こんな景色を見ることはもう二度とないのかもしれないと思いつつ、稲荷山の上から京都の街を眺め、伏見稲荷大社を後にした。

清水寺には修学旅行生の姿はなく、祇園の花見小路も、昼間なのに夜中なのかと思うくらい、人っ子一人歩いていない。勤務先の京都産業大学のキャンパスも学生は入構できなかったから、人影のない広い構内はホラー映画の世界を見ているようで、暗澹たる気持ちになったものだ。でも、当時おじさま、おばさま世代の京都人がよく言っておられた。「昔の京都はこんな感じやったで」と。「千年の都」である京都は、江戸時代から「天皇のおわす都」として多くの人々が訪れる場所であったが、今のように「観光都市」として観光客が大挙して訪れるようになったのは、１９７０年の大阪万博がきっかけであったらしい。つまり、その前の京都がおじさま方の言われる「昔の京都」ということであろう。２０００年代に京都市が観光客５０００万人構想を掲げたこともあり、２０１０年ころからその目標を上回る観光客の訪れる街となり、「昔の京都らしさ」は失われていったようだ。

そんな観光都市京都から、２０２０年春、観光客が姿を消した。二条城や金閣寺の駐車場にいつも大量に停まっていた観光バスは、一台もなくなった。地元の人しか見かけない道を歩きながら、現実にいる京都の人はこれくらいなんだなと妙に感慨深かったことを覚えている。数回に及んだ緊急事態宣言が明け、２０２１年の10月１日に久しぶりに京都の街で観光バスを目にしたときは、長かった暗闇に一筋の光を見たようで、とても感激した。2022年に外国人観光客の受け入れが始まり、2023年に新型コロナウイルスの感染症法上の位置付けが5類になってからの京都の観光客数の増加は周知のとおり。コロナ禍が始まる前よりもにぎわっているのではないかと思うくらいである。

思い返せば、大阪万博から2020年という50年に及んだ「昔の京都」から「今の京都」への変遷を、たった3年というダイジェストで目の当たりにしたようなもので、歴史に関わる研究者の端くれとしては、とても得難い経験をさせてもらったように感じている。

そして私は、コロナ禍以前よりも格段に京都の街に詳しくなった。街のあちらこちらへと歩いて出かけていたからである。感染症の拡大と共に、バスや電車に乗る機会がなくなり、今までバス停での待ち時間や乗車中におしゃべりするのが当たり前だった京都府警さんたちと話す機会がなくなってしまった。とはいえ、喫茶店で歓談できるようなご時世でもなかったから、毎日小一時間の散歩をしながら府警さんや側衛さんと話すのを日課にした。最初は神社仏閣を目的地にしていたのだが、段々と新鮮味がなくなってくる。ある時から、普段なら歩いて行かないようなパン屋さん、和菓子屋さん、ケーキ屋さんなどを探して、出かけるようになった。歩いてみると、車で通りすぎたときは気付かなかったさまざまなものやことに目が留まる。そのおかげでたくさんの新しいお店を開拓できたし、知らない道を歩くのは冒険のようでとても楽しかった。

コロナ禍が始まったころは、時短営業やお客さんが減ったことで苦労しておられるお店も多かったから、通っているうちに「いろいろ大変なんです」と苦しい胸の内を明かしてくださる人もいた。それでも、自分の仕事に誇りを持ち、前向きに頑張っておられる方ばかり。私にできることはお話を聞くことと、せめてもの応援に自分の分と警察の人たちの分の商品を買うことくらいのものだったけれど、そのおかげで徒歩圏内の街中に知り合いが急に増えたのだった。

コロナ禍を経て、私は京都の街がより好きになった。それは、京都に住む人たちが京都という街に誇りを持ち、愛していることを改めて感じられたからだと思う。こういう人たちがいる限り、街は絶対に生き続けると確信している。

新装版の出版にあたり、前回に引き続き毎日新聞出版の峯晴子氏が獅子奮迅の働きをしてくださった。出版から8年がたった今でも、本書を愛してくださっていることが何よりもありがたかった。美しいカバー絵で、本書を新装版として生まれ変わらせてくださった神戸智行氏と、再びブックデザインを担当してくださった鈴木成一氏にも心よりの感謝を申し上げたい。

本書を手に取ってくださった多くの方たちが、生き続ける京都の街の魅力を改めて感じてくださることを願いつつ、再びの時間旅行をここで終えることにしたい。

2024年3月　例年より遅い桜の開花を待ちながら

彬子女王

本作品は、毎日新聞の連載「京都　ものがたりの道」（2014年4月13日〜2016年3月19日）に新たな原稿を加えて編集し、2016年10月に刊行されたものです。
新装版においても、加筆・補整を行いました。

装画・挿絵　神戸智行
ブックデザイン　鈴木成一デザイン室
地図　川原真由美
撮影　幾島健太郎＋小松雄介（毎日新聞写真映像報道部）
DTP　センターメディア
協力　ギャラリー広田美術

彬子女王（あきこじょおう）

１９８１年、寛仁《ともひと》親王殿下の第一女子として生まれる。学習院大学を卒業後、オックスフォード大学で在外の日本美術コレクションの調査・研究にあたり、女性皇族として初めて博士号を取得した。京都産業大学日本文化研究所特別教授、國學院大學特別招聘教授などを兼任。２０１２年、子どもたちに日本文化を伝える団体「心游舎《しんゆうしゃ》」を創設し、全国で活動している。著書に『赤と青のガウン オックスフォード留学記』（ＰＨＰ文庫）、『日本美のこころ』『日本美のこころ 最後の職人ものがたり』（いずれも小学館）などがある。寛仁親王著『ひげの殿下日記』（小学館）では監修を務めた。

新装版《しんそうばん》 京都《きょうと》ものがたりの道《みち》

第 一 刷　2024年7月20日
第十二刷　2024年11月10日

著者　彬子女王《あきこじょおう》
発行人　山本修司
発行所　毎日新聞出版
〒一〇二-〇〇七四 東京都千代田区九段南一-六-一七 千代田会館五階
電話 営業本部〇三-六二六五-六九四一 図書編集部〇三-六二六五-六七四五
印刷・製本　光邦

ISBN978-4-620-32810-2